ちくま新書

時吉秀弥
Tokiyoshi Hideya

英語脳スイッチ！

——見方が変わる・わかる英文法26講

英語脳スイッチ!
見方が変わる・わかる英文法26講
【目次】

イラストレーション ヤギワタル
本文デザイン 中村道高(tetome)
英文チェック Adam McGuire

序章 「英語脳」とは?

　皆様こんにちは。英語職人・時吉秀弥です。「職人＝細部まで良いものにこだわる」の意気込みで英語職人と名乗り、英文法を研究しています。

　かつては20年ほど大学受験英語を指導し、現在はビジネスマンを対象に、英語のスピーキング・ライティングを指導しつつ、『英文法の鬼100則』(明日香出版)をはじめとする英文法解説書・問題集を世に送り出し、なおかつ YouTube チャンネル「時吉秀弥のイングリッシュカンパニーch」で英文法の解説を行ったりしています。

　私は、認知言語学と呼ばれる言語学をベースに英文法を研究しています。この認知言語学というのは、**文法を単なるルールの集まりと考えず、人間の世界の捉え方や、人間関係や感情の表れとして文法がある**、と考える学問です。また、本編でも触れますが、単語や熟語が意味を表すのと同様、**文法もまた意味を表すためにある**と考える学問でもあります。

　本書は筆者である私・時吉秀弥と、読者の皆さんとで、「英語脳とはなにか?」について考えていく本です。私は「筆者と討論する」気持ちで本を読むのが好きで、筆者の意見に対する自分の考えや気づきを、本の余白にびっしりと書き込みながら読書を進める癖がありま

す。皆さんもぜひこの本を読みながら、遠慮なく書き込みなどして、私と討論してみてください。

▶ 本書が考える英語脳とは

　この本の中に出てくる「英語脳」を定義しておきましょう。**本書が言う「英語脳」というのは、英語という言語（そして英文法）の中に現れる、英語話者による「世界の捉え方」や「人間関係の捉え方」です。**

　「英語脳」を知ることは、英語学習にとって大きなメリットがあります。それまで法律の条文のように感じられていた無味乾燥な英文法が、「英語話者の考え方・気持ちの表れ」として理解できるようになるからです。

　詳しい内容は本編に譲りますが、例えば前置詞の at や in や on はなぜ「場所」だけでなく「時間」も表せるのでしょうか？ 例を見てみましょう。以下の文では on は「場所」も「時間」も表しています。

There is a ball <u>on the table</u>.
「テーブルの上にボールがあります。」
We have a baseball game <u>on Tuesday</u>.
「火曜日に野球の試合があります。」

　同じ１つの単語が「場所」も「時間」も意味することを「ルールとして」説明されると、我々学習者はそれを素直に飲み込み難いのですが、「英語脳」を通して見

ると、**There is a ball <u>on the table</u>.** は「テーブルという**場所の上**に、ボールが**存在している**」ことを表し、**We have a baseball game <u>on Tuesday</u>.** の方は「火曜日という**舞台上（＝時間的な場所の上）**で、私たちは野球の試合を**抱えている**」ということになります。

　このことから、英語話者は、「触ることも見ることもできない『時間』という概念を、具体的に実感できる『場所』という概念に譬えて理解しているのだな」ということがわかってきます。

　私たちは英語の授業で、人に物を頼むときには **Will you ～?** や **Can you ～?** よりも **Would you ～?** や **Could you ～?** の方が丁寧に聞こえると習います。以下の文はどちらも「窓を開けてもらえますか。」と訳せますが、**Would you ～?** の方が丁寧に聞こえます。

<u>Will</u> you open the window?
<u>Would</u> you open the window?

　過去形が「丁寧」を表すなどと、単に「ルール」として教わっても理解しにくいわけですが、これを「英語脳」を通して考えてみると、「現実である現在と、今はもう現実ではなくなった過去の間には『**時間的距離**』がある。この『距離』を**人間関係の『距離**』に応用することで敬意を表しているのだな。『**敬意＝距離をとること**』だと理解しているのだな」ということが見えてきま

す。

　また、実は **Would you open the window?** よりも、**Could you open the window?** の方が丁寧に聞こえるのですが、これは英語に一貫して流れる「相手の意思に立ち入らない」という、英語脳が持つ「丁寧さの根っこ」を示しています。このことも本編で詳述します。

▶ 文法は「合っているか、間違っているか」ではない

　英文法をただの言葉のルールとして考えると、「ルールに合っているのか、間違っているのか」だけを気にしてしまいがちです。

　しかし、本書が主張するように、英文法を「英語話者の気持ちの表れ、世界の捉え方の表れ」と考えると、「他にも『文法的に合っている』言い方はあるけれど、**自分はこんな気持ちを表したいから、ここではこの言い方（文法）を使うんだ**」という方向から英文法と向き合うことができるようになります。つまり、英文法が、「英語で気持ちを表すための道具」として、あなたのために働いてくれるようになるのです。

　英語の学習自体に興味がない人も、この本を読んでみてください。私が研究する認知言語学という学問では「言語の違いは（ある程度ですが）話者のものの捉え方に影響を与える」と考えています。外国語を勉強するということは、その言語を話す人たちの心の中を覗くことであり、そして、翻って私たち日本語話者がどのように

世界を捉えているのかを客観的に知る機会も与えてくれます。

　たとえ英語が話せなくても、考え方を知るだけでも、コミュニケーションには十分役立つはずです。それは英語だけでなく、日本語のコミュニケーションに対する見直しにもなります。外国語を学ぶ真のメリットは母語の運用能力の向上にあると、私は考えています。

第 1 章

日本語脳と英語脳の「もの見方」はこんなに違う

第1講
文法の違いは「ものの見方」の違い

　さぁ、本書がこれから何を述べていくのかをざっと概観してみましょう。

▶ 言葉は客観的な事実を表さない

　言葉を考える上でとても重要なことは、「言葉は客観的な事実を表さない。人がその事態をどう見ているのかを表す」ということです。

　英語学習者の中には往々にして「同じことをAと言ってもBと言っても文法的に間違いではない」ということにこだわる方が見受けられます。しかし、言葉の本質はそこにはありません。「Aと言う場合とBと言う場合では、話者による出来事の捉え方、ものの見方はこんなふうに違うのだ」ということに注意を向けて学習と訓練を進めていくべきです。それが外国語をより深く理解し、思い通りの表現を作り出す鍵だと私は考えます。

　例えば同じ1つの風景を見て、

　「彼がドアを開けた。」（He opened the door.）

と言い表すことも、

「ドアが開いた。」(The door opened.)

と言い表すこともできます。

　しかし、言い方によって話し手がその風景や出来事の「何・どこ」に注目したのかは異なっています。**He opened the door.** なら「彼が何をしたのか」に注目していますし、**The door opened.** なら「ドアがどうなったのか」に注目しています。物理的、客観的な事実としては「彼」の力が加わってドアが開いた、ということが起きたのですが、言い方が変わることで、話し手がどのようにその事態を認識したのかが異なってきます。

　「言い方が変わる」ということは、「ある事態が話し手にとってどういう意味を持つのか」が変わるということです。

　例えばもしも、

The cup broke.（カップが割れた。）

という、「自動詞構文」を使って表された事態を、

James broke the cup.（James がカップを割った。）

という、「他動詞構文」を使った言い方で話せば、話し手にとってその出来事の「意味」は、単にカップが割れたという「結果」だけでなく、誰がカップを割ったのか

という「責任」にある、ということになります（第13
講で詳述します）。

> 【本書のポイント1】
> 　言葉は意味を表すが、言葉の意味は常に話し手の
> 「ものの見方」を表す。そしてその「ものの見方」は
> 文法（上記の例なら自動詞と他動詞）を使って表さ
> れる。
> 　文法は「ルール」というより「人のものの見方を
> 表す道具」。

▶ 文法の違いはルールの違いではなく 「ものの見方（＝意味）」の違い

　言語によって、当然文法は異なるのですが、実はこれ
は「言語によってルールが異なる」というよりは、**「言
語によって、話し手のものに対する見方が異なる」**こと
を意味しています。

　例えば英語では、地面に生えている「木」は a tree で
あり可算名詞ですが、**薪や、家具の素材の「木」**は
wood であり、不可算名詞です。

　可算名詞・不可算名詞がどういう「ものの見方」を表
しているのかは第8講で詳述しますが、ここでは「可
算名詞＝形の仲間」、「不可算名詞＝性質・材質の仲間」
とだけ述べておきます。

　a tree という可算名詞なら、英語話者が「地面に生え

ている木」を１本の形がまるごとそろった木という「**物体**」として捉え、**wood** という不可算名詞なら、「薪」や「家具などの素材の木」を木材という「**材質**」として捉えていることを表します。

このように英語は、「**形の仲間（可算名詞）**」なのか「**材質・性質の仲間（不可算名詞）**」なのかに注目するわけですが、一方で、日本語のように物が「細長い」のか「平たい」のかに注意が向いて「１本の木」とか「１枚の板」と言ったりする言語もあります。

我々日本語話者は普段意識しないかもしれませんが、日本語を学習する外国人にとって、このような「助数詞」（中国語なら量詞）は英語の a や複数形と同じく文法項目です。しかも英語の可算不可算のような「形の仲間」「材質・性質の仲間」という二項対立ではなく、「細長い（〜本）」「平たい（〜枚）」「紙を束ねている（〜冊）」「大きい動物（〜頭）」「それほど大きくない動物（〜匹）」などのように、ものすごく多様で複雑な注意を払って物を見ていることがわかります。

このように、文法は単なるルールではなく、「もののどこに注目するのか」、つまり「**ものの見方**」の体系であり、それは話者にとって**この世が持つ「意味」の体系の違い**でもあります。

最初はその言語共同体における、ただの「ものの見方の傾向」だったものが、長い年月を経て「その言語の話者の間での約束事」にまで成長したのが文法です。

ですから外国語の文法を勉強するというのは、究極的にはその言語の話し手の**世界の捉え方の「約束」**を勉強することを意味します。それが英語脳や日本語脳ということです。

> **【本書のポイント２】**
> 　言語ごとに文法は違うのは、ルールが違うというより「ものごとのどこに注目して世界を切り分けるのか」の違い。英語の世界の捉え方が英語脳。日本語の世界の捉え方が日本語脳。

▶ 事態の捉え方の癖

　この約束事は「文法のルール」のような具体的なものから、「言い回しの癖」のような抽象的なものまで、多岐にわたります。同じ事態を言語化するのにも、英語は先ほどの **James broke the cup.**（James がカップを割った。）に代表される他動詞を好む言語であり、日本語は **The cup broke.**（カップが割れた。）のような自動詞を好む言語だと言われます（第13講で詳述）。

　これはつまり、**英語は「原因」あるいは「因果関係」を重視する言語であり、日本語は「結果」を重視する言語だ**ということでもあります。

　原因に触れることを避け、

「結婚することになりました。」

と、なりゆきでそういう結果になってしまったかのような言い方を好む日本語（第13講）に対し、

The typhoon delayed trains for an hour.（「台風のせいで電車が1時間遅れた。」ではなく「台風が電車を1時間遅らせた。」）

のような、無生物主語という、原因を主語にする他動詞構文を好むのが英語です。

　このような違いは次講で解説する、映画『千と千尋の神隠し』の日本語版と英語版の比較の中で鮮やかに浮かび上がってきます。

▶ 原因を「人の意思」ではなく 「状況」に転嫁して逃げる英語

　先ほど挙げた **The typhoon delayed trains for an hour.** という言い方にあるように、**英語は「人」ではなく「原因」（その多くは「人」ではなく「状況」）を主語にする**ことがよくあります。主語ですから、「原因」を文の最も重要な情報として扱うわけです。このような「原因大好き」な英語は、「原因（状況）」を利用してコミュニケーションにも工夫を加えます。

　例えば、「私がやってほしくないから、やっちゃいけない」という言い方は角が立つものですが、それを「状況がこうなんだから、それはやっちゃいけないよ」とい

うふうに、状況のせいにしてしまうことでコミュニケーションを円滑にしようとする工夫が英語にはいくつも見られます。

同じ「やってはいけない」でも **you mustn't** だと「やってほしくないからやるな」という話者の強い意思、**you can't** なら「状況やルールがそれを許可しないから、やってはいけない」という意味になります。英語話者は **can** や **can't** を好みます（第16講で詳述）。

【本書のポイント3】
　英語は人の意思に立ち入らず、状況に責任転嫁することで対人関係を円滑にする。

▶ 文化の違いが生む英米の英語の違い

同じ英語を話していても、英国と米国では人にものを頼むときの言い方が異なります。

米国では文化の建前として「みんなが平等」。例えばアメリカのレストランなどで注文する際には、「客と従業員」の上下関係を明確にさせやすい「命令・依頼」の表現は避ける傾向があります。そのため例えばステーキを注文するときに、**Please give me a steak.** のような命令文は避け、

Can I have a steak?

のように、can を使って「状況的に可能か？」という、質問に擬装した依頼の文を使います。そして驚くことに、こうした文に please を添えることを、米国人は無意識のうちに避ける傾向があります（第22講で詳述）。

　我々英語学習者にとっては「命令文でも please さえ付けておけば丁寧」という誤解がありますが、「悪いけどやってくださいね」という意味を持つ please はどうしても強制の響きが出てしまい、これが「客と従業員の間の上下関係を露わにしてしまう」ことから米国人にとっては決まりが悪く感じられるようです。

　一方で英国人にはそのような「全員平等が建前」という気持ちは薄く、「個人的にものを頼んでいるのだから、『悪いけどやってね』という please は付けて当然」という気持ちが全面に出てきます。

　このように文化、ひいてはそこから生まれるものの見方や気持ちが文法に小さな傾向の違いを生み出していきます。そのうちのいくつかは、何百年かのちに独自の文法として確立するかもしれません。実際、日本語の各方言にも、標準語には存在しない細かい独自の文法表現があります。

【本書のポイント４】
　文法は生き物であり、言語コミュニティに所属する人の考え方やものの見方の変化によって文法も変わってくる。

こうした例からわかる通り、文法というのは神様が勝手に決めて人間に与えた不変のルールではありません。**とても人間臭い、人間による、「ものの見方の約束事」**です。

　そして、この「ものの見方」に影響を受けるのは、言語の文法に留まりません。次講で示すような、映画や小説のセリフの構成の違いから、さらには言語を超えて絵画、庭園の形式などその他の表現技法にも同じやり方で反映されることがあります。

　認知言語学という学問は、言語を言語の領域だけで考えるのではなく、人間に備わる幅広い認知能力の一環として捉えようとしています。ここまで本書で繰り返してきた「ものの見方」を「認知」という言葉に置き換えて考えてみると、わかりやすいかもしれません。

　外国語を習得し、理解するという行為は、言葉を理解することを超えて、その言葉を話す人たちの心の中を覗きこむことなのだと言えます。

第2講
英語と日本語では
重視するものが違う
『千と千尋の神隠し』に見る日英のセリフの違い①

ここで扱う表現

・ **You make my day.**：「あなたのおかげで嬉しい。」

　翻訳というのは単なる言葉の置き換えではありません。同じ物語でも「日本語脳」と「英語脳」では世界の捉え方が違いますし、実は「言いたいこと」も少し異なってきます。

　この第1章では映画『千と千尋の神隠し』の日本語版と英語版のセリフを比較することで、日本語脳と英語脳の世界の捉え方の違いを、ざっくりと観察していきます。

▶因果関係の説明が多い英語版

　『千と千尋の神隠し』は、ご存知のように宮崎駿監督作品で2001年に公開され、ベルリン国際映画祭金熊賞を受賞、また米国アカデミー賞ではアカデミー長編アニメ映画賞を受賞した、日本が世界に誇る作品です。世界で高く評価されているこの映画には英語版もあり、そのセリフは決しておろそかな翻訳ではなく、細部まで練ら

れて行き届いたセリフが用意されています。また、作品の世界観も改変されることなく、英語版でも日本語版に近い世界観を届けることに成功しています。

『千と千尋の神隠し』は英語版では *Spirited Away* というタイトルで公開されました。これは、「**密かに連れ去られる**」という意味の表現で、直訳すると、「**精霊化され、連れて行かれる**」という意味を持っています。日本語版の「神隠し」の感覚を絶妙な形で英語化したタイトルだと言えます。

一般的に考えて、映画が翻訳される時、外国語版のセリフは原作版に比べ、説明が多くなります。原作国の人々にとっては説明しなくてもわかる常識が外国の観客には通用しないからです。しかし、それを差し引いてもこの『千と千尋の神隠し』の英語版のセリフは、説明的になっている部分が目立ちます。一体どういうことなのか、詳しく見てみましょう。

▶ 理由・原因が大好きなのが英語

❶映画冒頭、新しい街に引っ越してきた千尋の一家が、移動中の車から転校先の学校を目にする。父親が千尋に、

千尋、新しい小学校だよ。
There's your new school. Looks great, doesn't it?

英語版では日本語版にない **Looks great, doesn't it?**（「よくない？」あるいは「素敵だよね。」）が加わっています。

❷天気のいい中、草原を家族で歩く。母親が、

> **気持ちいいとこねー。車の中のサンドイッチ、持ってくればよかった。**
> *Oh, what a beautiful place. We should have brought our lunch. Then we could have had a picnic.*

英語版では日本語版にない **Then we could have had a picnic.**（「そうすればピクニックができたのね。」）が加わっています。

▶ 別の言語で話す＝別の考え方で話す

　ここで質問です。仮にあなたが日本語を自在に英語に「置き換える」ことができるようになったとして、それで英語らしい英語を話せるようになるでしょうか？　答えは **No** です。

　「こういうシーンでは日本語は普通こう言うだろうけど、英語ならこう言うのが自然だ」というのは、単に言語の違いではなく、「どういう思考方法に基づいて言い回しを作るか」の違いによって生まれます。つまり**「言語の違い」は、「考え方の違い」なのです**。以下の例文を見てください。

【誕生日にプレゼントをもらって】

日本語：嬉しい！ ありがとう。

英語：**Thank you for the present! You made my day!**

（プレゼントをありがと！　あなたのおかげで今日は最高だ！）

　自分の気持ちを言葉にするとき、日本語は「嬉しい」にしても「ありがとう」にしても話者の「気持ち」だけが言葉になるのが普通です。仮にわざわざ「『プレゼントを』ありがとう」と言っても間違いではないですが、手元に渡されたプレゼントがある状況で、言わなくてもプレゼントの話をしていることがわかりきっている場合、「プレゼントを」は省かれる方が普通です。また、嬉しい時に、嬉しい原因をわざわざ言葉にして、「『あなたのおかげで』嬉しい」ともあまり言いません。

　しかし英語ではそうはいかないのです。**英語では気持ちが生まれた「理由」を言葉にする**のが普通です。thank you という言葉が、ただの儀礼の言葉としての「ありがとう」ではなく、しっかりと感謝の気持ちを表す場合は、thank you の後に「for＋理由」を付けるのが普通です。また、感情を表す時には単に I'm happy. や I'm sad. ではなく、**You make me happy.** や **This makes me sad.** のように「原因が私をこんな気持ちにさせる」という言い方をよくします。なぜこうなるのかは第3章で詳しく述べますが、英語というのは「原因・理由」が大

好きな言語なのです。

ちなみに

You made my day.
（直訳：あなたは私が主役の日を作ってくれた。）

は英語の慣用句です。**my day** は「私が主役の日」という意味ですね。例えば今日の試合であなたが大活躍して、まわりに「今日はあなたの日だったね！」と言われる、そんな感じです。自分が主役になったような、晴れやかな気持ちになった時、その原因を作ってくれた相手に感謝を込めて「あなたのおかげで最高の気分だ」という意味を表すセリフです。

　それでは、先ほどの『千と千尋の神隠し』のセリフに戻ります。

　これらのシーンでの英語版のセリフには英語脳が好む「因果関係の説明」が反映されています。つまり「だからこうだ」「そうすればこうなる」「なぜならこうだからだ」をきちんと言語化したい、という英語話者の気持ちです。

There's your new school.（君の新しい学校だよ）だけでは、相手に「私の学校があるから、何？」と思われるかもしれないのが英語です。「素敵な学校だ、と思ったから、そう言ったんだ」という意味で **Looks great,**

doesn't it? と付け加えています。理由づけですね。

We should have brought our lunch.（ランチを持ってくればよかった。）だけでは、相手に「なんでそう思ったの？」と思われます。そこで **Then we could have had a picnic.**（そうすればピクニックできたじゃない？）というふうに理由を付け加えています。これが英語の考え方です。

読者の皆さんの中で、「英会話をしてたら、相手からやたら **Why?** と尋ねられて困っちゃった」という経験をお持ちの方、いませんか？　これは「理由を言うのが当たり前」の英語の世界の中で、「特に理由に触れない日本語」の発想のままあなたが英語を話していたからなのです。

▶「察してほしい」日本語

さて、日本語です。「なぜそうなのか」をくどいくらい説明したがる英語に対し、日本語は、「原因に触れることを避け、結果を中心に述べたがる言語」です（これも第 3 章で詳しく述べます）。

先ほどの「嬉しい！　ありがとう」という何気ない言い回しでも、「なぜ嬉しいのか、何に感謝しているのか」という**「原因・理由」は、話し手が説明するのではなく、聞き手が察してあげないといけないのが日本語**です。

先ほどのシーンのセリフでも、日本語では「新しい学

校だね」とか、「サンドイッチ持ってくればよかった」で十分で、「新しい学校があるから何なのか、なぜそんなことを言うのか」とか、「なぜサンドイッチを持ってくればよかったのか」は、話し手が説明することではなく、聞き手が察してあげなければいけない、というのが日本語の心情です。だから映画の日本語版では原因・理由の部分は言語化されていません。

　禅問答のような曖昧な言い方に「含蓄と深み」を感じる傾向を、たしかに我々日本語話者は持っています。また実際の日本語の使用現場では、「全部を言葉にしては相手（聞き手）に失礼だ」という思考法が働く時がよくあります。

　例えば教科書的な日本語が「お名前はなんとおっしゃいますか」だとしても、実際の発話の現場では「あの、お名前は……」となることが多いですし、「では、そのようにいたします」と言うべきところも実際には「では、そのように……」となることがよくあります。

　つまり、日本語の話し手は「全部言われないとわからないほどこちらは馬鹿ではないよ」と聞き手に思わせるのは失礼だと考えるわけです。ですから話し手は必要な情報の全てを言葉にせず、結果的にどこかお茶を濁したような言い方をしてしまいがちですし、聞き手も、本当はわかっていないのに、わかったような顔をしてしまうことがあるわけです。

　因果関係を言語化したがる英語と、言葉にせずに察し

てもらいたがる日本語。この点に関して、東京大学名誉教授の池上嘉彦氏が興味深い指摘を行っています。次講でそれを詳しくお話ししましょう。

第3講
話し手責任の英語・
聞き手責任の日本語
『千と千尋の神隠し』に見る日英のセリフの違い②

　「原因・理由」を言葉にしたがる英語と、聞き手に「察してもらいたがる」日本語。これに関して、日本の認知言語学の第一人者である池上嘉彦東京大学名誉教授は、以下のように指摘しています。

・英語（を含むヨーロッパ言語）は「話し手に説明責任
　があると考える言語」
・日本語は「聞き手に理解の責任があると考える言語」

　英語を含むヨーロッパ言語では、話がうまく伝わらないとすると、それは話し手のせいだと考えるわけで、したがって、因果関係などの説明が重要になるわけです。演説など不特定多数の聞き手に言葉を届ける習慣が古くからあることを考えると、西洋言語には確かに「話し手責任」を重視するところがあると言えるでしょう。
　一方で、日本の職場などで上司の指示が部下にうまく伝わらない、チームで決めたことがうまく実行されない、といったことが起きる原因として、「察しなければいけない」「理解しない方が悪い」、だから「質問したい

けれど、できない」、という日本語コミュニティの「聞き手責任」の心情が働いていることがよくあります。

また、日本の学校では、授業で教師に「質問はないですか?」と聞かれても、質問をする生徒はごく少数しかいません。私がアメリカの大学で授業を受けていた時には、生徒は授業中、教師が話している最中でも平気で手を上げてどんどん質問していましたし、それを教師も歓迎していました。ここにも「理解しない自分が悪いから質問をしてはいけないのでは」という「聞き手責任」の日本語話者の心情と、「私がわからないのは話している側に責任があるのだから、質問してわかるように説明してもらおう」という「話し手責任」の英語話者の心情の違いがあるように思えます。

▶ 聞き手責任＝余白を残す精神性

よく「ギャグを全部説明したら、寒いでしょ!」というのがありますが、日本語にある聞き手責任の「察することを良しとする」という感覚は、これに近いものがあります。心理学的にも、人は他人に教えてもらった情報よりも、自分で気づいたり発見した情報の方をより重要な情報だと認識するそうです。

聞き手が自分から察するように物語を作ることができれば、聞き手にとってより魅力的な物語になるという考え方は合理的です。つまり、必要な情報だけを与えて、それ以外は余白として残し、聞き手の想像力で埋めても

らうようにする、という物語の作り方です。この考え方が『千と千尋の神隠し』の日本語版のセリフにも良く表れています。

▶ 話し手責任＝説明で埋め尽くし、余白は少なくなる

　一方で余白が多すぎて情報の入り方が断片的になるようでは、聞き手の察するキャパシティを超えてしまい、物語の筋が追えなくなります。楽しむのが詩ではなく物語である以上、そこには必然的に筋書きがあり、筋書きとは「ある原因から、あることが起きて、その結果、ある事態になる」という因果関係の連鎖です。つまり因果関係を説明することは、聞き手が物語の筋書きを理解するためにとても重要です。

　これをしっかり説明することを「話し手の責任」と考えるのが英語脳のメンタリティです。そして、『千と千尋の神隠し』の英語版、つまり *Spirited Away* のセリフには因果関係の説明がより多く存在するのです。

▶ クライマックスシーンの比較

　「余白」と「説明」、どちらも良い物語を作るために重要な要素です。すると、より良い物語を作る1つの秘訣は、「余白と説明の配合比率」ということになります。そして、その比率はそれぞれの言語を話す文化によって異なってくるのでしょう。

　この観点から、『千と千尋の神隠し』のクライマック

スシーンにおける、日英それぞれのセリフの作りを比較してみましょう。日本語版、英語版の順で引用します（カッコ内の英語版のセリフの和訳は筆者による）。

　以下は、千尋がハクの本当の名前を思い出し、それをハクに告げることでハクが呪いから解き放たれるシーンです。

千尋

　ハク、聞いて、お母さんから聞いたんで、自分では覚えてなかったんだけど、私、小さい時、川に落ちたことがあるの。その川はもうマンションになって、埋められちゃったんだって。でも今思い出した。その川の名は、その川はね、琥珀川。あなたの本当の名は、琥珀川。

　Haku, listen. I just remembered something from a long time ago. I think it may help you. Once, when I was little, I dropped my shoe into a river. And when I tried to get it back, I fell in. I thought I'd drown, but the water carried me to shore. It finally came back to me. The river's name was the Kohaku River. I think that was you, and your real name is Kohaku River!

　（ハク、聞いて。たった今、随分昔のことを思い出したの。これってあなたの役に立つと思う。昔ね、私が小さかった頃、靴を片方、川に落としたの。それを取ろうとして、私川に落ちたの。溺れ死ぬと思ったんだけど、水が私を岸に運んでくれた。やっと思い出したわ。その

川の名前は琥珀川。あれはあなただったと思うの。あなたの本当の名前は、琥珀川よ！）

　日本語版は千尋の脳裏に浮かぶ記憶の映像がそのまま言葉になったようなセリフです。川がなぜ埋め立てられたのか、埋め立てられたことに何の意味があるのか、思い出した琥珀川という川の名前がなぜハクの本当の名前だと言えるのか、そういった説明はいっさいありません。こういった千尋の記憶の中の出来事がどのようにつながり、どのような因果関係を持つのかの理解は、観客の「察する力」に任されているようです。

　一方で英語版では「小さい頃の記憶を思い出したことが何になるのか」の理由を **I think it may help you.（これがあなたの役に立つと思う。）** で述べ、川に落ちた理由も**「片方の靴を落とし、それを拾おうとして」**と説明し、自分を助けてくれた川は実はハクであり、だからハクの本当の名はその川の名である琥珀川なのだ（**I think that was you, and your real name is Kohaku River!**）、と述べます。細かい因果関係の連鎖でセリフが構成されていることがわかります。

　続くセリフを見てみましょう。

ハク

　千尋、ありがとう。私の本当の名は、ニギハヤミ・コハクヌシだ。

You did it, Chihiro, I remember. I was the spirit of the Kohaku River.

（やったね、千尋、私も思い出したよ。私は琥珀川の精だったんだ！）

千尋

ニギハヤミ？

A river spirit?

（川の精？）

ハク

ニギハヤミ・コハクヌシ。

My name is the Kohaku River.

（私の名は、琥珀川だ。）

　日本語版のセリフは、日本人にとって「ニギハヤミ」とか「〜ヌシ」というのが神話に出てくる神様の名前の響きがある、という「文化的常識」を前提としたものです。当然、外国人にとってはなじみのない知識です。そこで「ニギハヤミ・コハクヌシ」は英語版では the spirit of the Kohaku River（琥珀川の精）と訳されています。次のセリフに進みます。

千尋

すごい名前。神様みたい。

They filled in that river. It's all apartments now.

（その川はもう埋め立てられてて、今はマンションが建ってるの。）

ハク

私も思い出した。千尋が私の中に落ちた時のことを。靴を拾おうとしたんだよ。

That must be why I can't find my way home, Chihiro. I remember you falling into my river and I remember your little pink shoe.

（だからきっと、私はもといた場所に戻ることができないんだよ、千尋。千尋が私の川の中に落ちてきたのを覚えているよ。君の小さなピンクの片方の靴も覚えている。）

　日本語版の千尋のセリフは単なる感情の吐露、ハクのセリフは自身の記憶の映像をそのまま言語化したものですが、英語版では「ハクが名前を思い出せなかった理由＝河川の埋め立てという人間による環境破壊が原因」であることを明確に述べています。

　日本語版のセリフはどうでしょうか。38ページの千尋のセリフで「川はもう埋められて、今ではマンションが建っている」と述べている、つまり事実を提示するだけで、それがハクの本名の記憶喪失の原因であることは観客が察するしかありません。

この映画の中で最も重要なシーンである「ハクが本名を思い出すシーン」のそれぞれのセリフを観察するだけでも、日本語版と英語版の物語の伝え方に対する考え方の違いがよくわかります。そしてこの違いは、映画全体を一貫して流れている違いでもあります。

　そしてこの「聞き手責任の日本語」と「話し手責任の英語」の奥には、さらにもう一段深いところを流れる底流があるようです。それを次講でひもといていきましょう。

─── 第 4 講 ───
カメラになって外を見る日本語・外から自分を見る英語

ここで扱う表現

- Where am I?:「**ここはどこ?**」
- I'm dreaming!:「**これは夢だ!**」

　英語と日本語は単に言葉が違うだけではありません。ものの見方そのものが違うところがあります。このものの見方の違いこそが「英語脳」であり、「日本語脳」の根幹です。

> **【日本語脳と英語脳の根幹的な違い】**
> 日本語脳＝自分がカメラになり、そこに映った世界を言葉にする。
> 英語脳＝まるで幽体離脱するように、自分が外から自分を眺める。

　前講の「聞き手責任の日本語」、「話し手責任の英語」の底には、このふたつのものの見方の違いが横たわっています。

▶『雪国』の場合

　この視点の違いは日本語と英語の様々な表現に一貫して現れます。有名なところでは池上嘉彦氏が指摘した、川端康成の小説『雪国』の冒頭の一節があります。

　「国境の長いトンネルを抜けると、雪国であった。」

　この文を読んだ日本語話者は、列車の客席から窓の外を眺め、そこに見える景色がトンネルの暗闇から真っ白な銀世界に変わる瞬間を思い浮かべるでしょう。これが先ほど述べた**「自分がカメラになり、そこに映った世界を言葉にする日本語」**の世界です。

　よく考えてみれば、「国境の長いトンネルを抜けた」の主語は「私」であり、また「列車」でもあるのですが、雪国を映すカメラである「私」は景色の中には映り込まないので、言語化されていません。そして、ここでは「私」と一体になって雪国の中に移動していく「列車」もやはり風景から消えてなくなり、言語化されていません。カメラには「私」や「列車」は映らず、言語化されるのは車窓から見える風景だけ。これが日本語話者の見る風景です。

　一方『雪国』の英訳版では以下のような文になっています。

The train came out of the long tunnel into the snow

country.

E. Seidensticker 訳

　これを訳せば「列車は、長いトンネルから出てきて雪国へと入っていった。」となるでしょう。これはどう考えても、雪の中に立って、トンネルから抜け出てくる列車を「外から」眺める言い回しです。

　池上氏が1991年に出演したNHK教育テレビ（当時）の番組内で、NHKに勤務する複数の英語ネイティブにこの英文を見せて、思い浮かべる情景をイラストに描かせたところ、彼らは共通して**「山の端からトンネルを抜けて姿を現した列車を、外から眺める」**という図を描きました。当時たまたまこの番組を見ていた私は、「へー、面白いものだな」と感心したものですが、今思えばこれが私の人生初の「認知言語学の体験」でした。

▶『千と千尋の神隠し』の場合

　同じような違いは『千と千尋の神隠し』の中にもみられます。映画前半で、信じられないような異世界の風景を目の当たりにした主人公の千尋が、

「夢だ！　夢だ！」

と叫ぶシーンが日本語版にあります。省略された主語を補えば「これは夢だ！」ですね。自分がカメラになり、

自分の目の前に映った景色に対して「これは夢だ」と言っています。これが日本語の視点です。

一方、同映画の英語版ではこのシーンで千尋は、

"I'm dreaming! I'm dreaming!"
（私は夢を見ているんだ！）

と言っています。夢を見ている最中にある自分自身を外から観察しているセリフですね。I という主語が言語化されているのも「私」を外から眺めることで画面の中に「私」が見えていることを示しています。

▶「ここはどこ？」と Where am I?

「自分がカメラになる日本語・外から自分を見る英語」の最も典型的な例は、拙著『英文法の鬼100則』でもご紹介した、日本語の「ここはどこ？」と英語の"Where am I?"（直訳：私はどこにいるの？）です。

英語は、「ここはどこ？」と言う時、"Where is here?"とは言わず、"Where am I?"と言います。

－ 日本語脳 ここはどこ？ －

－ 英語脳 Where am I ? －

なぜこんな違いが生まれるのでしょう？

日本語というのは自分が

カメラになってそこに映る景色を言葉にする言語です。目の前に映っている景色は「ここ」です。それを言葉にして「ここはどこ?」と言います。この場合、日本語では「私」という言葉は言語化されません。日本語は自分がカメラになってそこに映った世界を言葉にします。すると、自分自身の姿は画面内に映り込みません。景色の中に現れない「私」は、言語化されないのです。

　ところが英語は外からもうひとりの自分が、自分を外から眺める言語です。私の目の前には「私」の姿が映ります。そこで「私(I)」を言葉にして「私はどこにいるの?」となるのです。まるでカーナビの地図を眺めるようにして、「私は(この地図上の)どこにいるの?」となるのです。

▶ 自分の操縦席に他人を乗せる日本語

　テレビゲームで、「1人称視点のゲーム」というのがあります。ゲームの主人公と同じ視点になって迫り来る敵をやっつける形式です。画面では自分の手足を見ることはできても自分の顔を見ることはできません。まるで他人の体の中に乗り込んで操るような感じです。

　自分がカメラになり外の風景を映す日本語は、「自分の体の操縦席に他人を乗せて、自分が見ている景色を他人に見せてあげる」感覚があるのだと言えます。1人称視点のゲームでは、プレーヤーはゲームの主人公と同じ視点を共有できます。先ほど述べた『雪国』では、ま

るで主人公の体の中に入り込んで、その視点を借りて雪国の景色を見るような、そんな体験ができます。**「臨場感」**。これが日本語の持つ力です。

　日本語を使った道案内のよくある言い回しを見てみましょう。「自分の操縦席に他人を乗せて、自分の見ている景色を見せる」感じ、つまり臨場感があることがよくわかると思います。

" ここをまっすぐに行くと、右手にコンビニがあります。その角を左に曲がって２つ目の信号のところに交番がありますから……"

　上の日本語には、「まっすぐに行く」のが誰なのか、「角を左に曲がる」のが誰なのか、が言葉に表れていません。これは単に主語を省略しているだけでなく、日本語の持つ「話し手と聞き手が視点を共有する」という働きを生み出します。

　『雪国』の一節を思い出してみましょう。「長いトンネルを抜ける」の主語は、理屈で言えば「列車」のはずですが、もし**「列車が国境の長いトンネルを抜けると、雪国だった」**と言ってしまうと英訳版と同じように雪国の中に出てくる列車をトンネルの外から見る映像が浮かび上がってしまいます。仮に「私」を主語にして、**「私がトンネルを抜けると、そこは雪国だった」**と言ったとしても、そこに浮かぶのは「私から見える景色」ではな

く、「私が雪の中に立っているのを外から映した景色」になるでしょう。あえて主語を置かないことで、読者は列車に乗っている主人公の視点で、臨場感あふれる景色を体験します。

さて、道案内の話に戻ります。英語では主語は省略されません。結果として「外から自分を眺める」という見方になり、地図上に自分をおいて、それを指しながら話をするような言い方になります。

You go down this street and you'll find a convenience store on your right. Take a left at the corner and at the second light you'll find the police box ...

（**あなたは**この道をまっすぐ行ってください。そうすると**あなたは**右手にコンビニを見つけることになります。その角を左に曲がってください。そして、2つ目の信号のところで**あなたは**交番を見つけることになります。）

英語を習うと誰しもが何か違和感を覚えます。初めて英語を習った時から、「英語を直訳してみると何か変」と感じた経験は皆さんお持ちだと思います。その違和感

の正体の一つは、この**「外から自分を眺める」視点**が産む言葉の映像です。逆に言えば、この視点を自分の中でうまく飼い慣らすことができれば、英語らしい表現を身につけやすくなります。

　さて、この「自分がカメラになる日本語」と「外から自分を眺める英語」が、「聞き手責任の日本語」と「話し手責任の英語」にどう関わるのか、次講で詳しく解説します。

第5講
言語以外にも現れる「捉え方」

　『千と千尋の神隠し』の日本語版と英語版を見る限り、日本語は英語に比べて「聞き手責任」、つまり「聞き手に推察させる」パーセンテージが高く、英語は日本語に比べて「話し手責任」、つまり「話し手が説明する」パーセンテージが高いことを、第3講では説明しました。

　これを前講で解説した「自分がカメラになる日本語」と「外から自分を眺める英語」の観点から見直してみましょう。

▶「自分がカメラになる」ことが生む日本語の「余白」

　「自分がカメラになって外を見」る日本語は、目の前に映る景色に意識が集中し、その奥にある背景まで俯瞰して見ることが少なくなります。

　例えば「嬉しい！」とは言っても「あなたのおかげで私は嬉しい！」という言い方はあまりしないのが日本語です。「嬉しい！」だと、目の前の自分の感情で手一杯ですが、英語のように「あなたのおかげで私は嬉しい！」という言い方なら、一歩引いた視点で、冷静に、自分の感情の「背景」にある「あなた（の行為）」までを視界の中に入れていることになります。

英語のような、結果だけでなく、原因まで視野に入れる言語というのは、表面だけではなく、その背景までを含めて俯瞰でものを見る傾向があるのです。

　日本語は、自分がカメラになって外を映し、話し手と同じ視点でものを見る臨場感あふれる言語なのですが、これは同時に、視野の狭さも意味します。1人称視点のゲームを想像すればわかりますが、後ろから襲ってくる敵には目が届きません。後ろの状況がどうなっているかは推察するしかありません。

　日本語話者が何かを話す時、それは聞き手にとって感情移入しやすい臨場感ある表現になりやすいのですが、**背景にある「出来事の原因」が「余白（＝言語化されない部分）」になることが多く、**それを聞かされた聞き手は、「なぜそうなったのか」を自分で頑張って**推察しないといけません。これが日本語に出てくる「聞き手責任」の原因だと考えられます。**

　第3講で見たように『千と千尋の神隠し』のクライマックスシーンの日本語版において、千尋は「川はもう埋められて、今ではマンションが建っている」という事実を提示するだけでした。英語版はそこから一歩引いた視点で、それがハクの本名の記憶喪失の原因であることまで提示しています。

　日本語話者の観客は「川の埋め立て＝ハクの本名の記憶喪失の原因」ということを自発的に気づくように求められるのですが、それがうまくいけば「自分の力で気づ

く」という体験によって脳内に強い快感を得るため、観客は作品に対し「深いな！　この映画！」という感想を持ちやすくなります。

　一方、「外から自分を俯瞰して眺める」英語では、目の前の結果だけでなく、**その背景にどんな原因があるのかまで見渡します。**原因が見えているわけですから、**因果関係の説明をしないと気が済まない、**ということになるわけです。英語版で「ハクが名前を思い出せなかった理由＝河川の埋め立てという人間による環境破壊が原因」とはっきり言い切っているのは、そこまで言わないと英語話者にとって物足りないと感じられるからでしょう。**これが英語の持つ「話し手責任」の感覚です。**

▶ 色々な場所に現れる「捉え方」

　人間がその文化の中で何かを表出する時、言語だけでなく、その他の様々な表出技能でも同じパターンを示すと言われています。

　ここでは映画のセリフの言葉遣いにおける「背景が余白になる日本語」と「因果関係によって背景が描き込まれる英語」の話をしていますが、一度、注意して日本の漫画とアメリカンコミックを比較してみてください。絵としての背景の描き込みの細かさの違いに気づくはずです。作品にもよりますが、日本の漫画は一般的に背景の描き込みが少ない場合が多く、余白の多さが特徴的です。一方、アメリカンコミックは背景まで隙間なく描き

込まれているのが普通です。宮崎アニメで言えば映画『かぐや姫の物語』は日本の物語らしさが出た、非常に余白の多い絵を採用しています。これをディズニーの古典映画、例えば『白雪姫』などと比べると、感覚の違いが際立ちます。

　言語以外の例を挙げてみましょう。日本語の持つ「臨場感」という特徴は、言語だけではなく、絵画のあり方にも反映されている節があります。東京大学名誉教授で美術史学者の高階秀爾氏は、著作『日本近代の美意識』（青土社）において、日本の絵画に遠近法が定着しなかった原因について、以下のように述べています。

　「西欧の写実主義が、一定の視点からの人間との位置関係、すなわち人間と外界との距離を測定することによって成立するものであるのに対し、日本の写実主義はつねに視点と対象との距離を無視することによって、すなわち鳥や昆虫でも、人びとの動作や表情でも、すぐ目の前で観察することによって成り立っているのである」（下線は筆者による）

　西欧写実主義絵画の「一定の視点からの人間との位置関係」は英語やその他のヨーロッパ語の「外から自分を見る感覚」に、日本の写実主義の「すぐ目の前で観察する」は日本語の臨場感あふれる「１人称視点」に対応するものと考えられます。

また、池上嘉彦氏も『英語の感覚・日本語の感覚』（NHKブックス）において、似たような指摘をしています（同書第6章第4節「相同性」）。それによると、西洋の庭園がバルコニーから庭園全体を俯瞰して初めてその造形がわかるようになっているのに対し、日本庭園では人が自ら庭の中に入り、庭の中を巡ることで景色を楽しむようになっています。ここにも俯瞰と臨場感の対立が鮮明に現れています。

　日本語と英語の「言い回しの違い」は、単なる言葉の違いではなく、**言語話者の持つ「文化的なものの見方の違い」**そのものに根を発することがわかります。

　本書で何度も繰り返し主張している「文法とは単なる言葉のルールの集合体ではなく、その言語の話者が持つ、モノの見方の約束事の集まり」ということがおわかりいただけるでしょう。

第 2 章

英文法に現れる
「英語脳」が見る風景

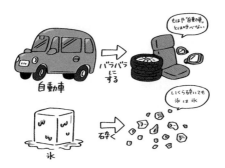

第6講
幽体離脱の英語表現

ここで扱う表現

- find O C：「OがCであると気づく」
- find oneself 〜ing：「気がつくと、自身が〜している」
- enjoy oneself：「（自身を）楽しむ」
- kill oneself：「自殺する」
- be dressed in A：「Aに身を包んでいる」
- be seated：「席に座っている」
- can't bring oneself to do 〜：「〜する気になれない」
- buy oneself 〜：「自身に〜を買ってあげる」

　第1章では日本語と英語のものの見方の違いを「自分がカメラになる日本語」「外から見る英語」「聞き手が察する日本語」「話し手の説明責任重視の英語」といったマクロの観点から観察しました。第2章ではミクロな観点で、具体的な英文法現象から「英語脳」の仕組みを観察します。

▶ find を使いこなそう

　find という動詞は中学で習う基本的な単語ですが、英

語を勉強する日本語話者にとって、「find を使いこなせる＝英語脳でものを見ることができている」と言っても良いくらい、「外から自分を見る」感覚が発揮される動詞です。

　例えばある部屋のドアを開けて中に誰もいなかった場合、日本語なら「部屋には誰もいなかった。」となるでしょう。もちろん英語でこれを Nobody was in the room. とか、The room was empty. と言っても全く自然ですが、同時に、

I found the room empty.
（直訳：私は部屋が空っぽだと気づいた。）

という言い方もとてもよく使われます。そしてこれは、日本語話者としては違和感のある表現ですよね。

　なぜわざわざ「私は気づいた」という I found を使うのか。しかし、英語脳の「外から自分を見る」視点からすると、これはとても自然な表現なのです。

　日本語の「部屋には誰もいなかった」という表現では、部屋を観察している自分が視界から消えてしまっています。日本語が持つ「自分がカメラ」＝「カメラは景色に映り込まない」という視点が典型的に表れている表現です。しかし、英語の「私は部屋が空っぽだと気づいた」は「**気づいている自分を外から見ている**」視点が存在します。

例えば、「夢の中で、私は小さな部屋の中に入っていった。」ことを英語で表してみましょう。その際、「自分の意思で小さな部屋の中に入っていった」ということと、「気がついたら、吸い寄せられるようにその小さな部屋に入っていった」ことを、それぞれ英語で訳し分けることはできるでしょうか？

❶In my dream, I walked into a very small room.
　「夢の中で、私は（自分の意思で）とある小さな部屋の中に歩いて入っていった。」

❷In my dream, I found myself walking into a very small room.
　「夢の中で、気がつくと私はとある小さな部屋の中に、歩いて入っていった。」

　❶のように I walked ... と言うとき、自分の意思で歩いていることを意味します。しかし、❷になると、自分自身（**myself**）が歩いている最中（**walking**）であるということに自分がハッと気づいた（**I found**）ことを意味します。こうなると無意識のうちに自分がそういう行動をとっていたことを、「外から見ている自分が気づいた」ということを表すことになります。
　多くの英語学習者は、最初のうちは❶のような表現しか使えません。日本語脳に引っ張られてなかなか **find**

を使いこなすことができないのです。しかし、多くの英語表現を習得していく中で「外から自分を観察するという英語脳の視点」が身につくと、❷のような find を使った表現もごく自然に使いこなせるようになります。つまり、英語脳を獲得することで、日本語だけしか使えなかった時とは「違う視点」で物事を捉えることができるようになるのです。

▶ 自分から幽体離脱する英語の表現

　このように英語では、外から自分を眺めるのが普通です。結果として英語には自分の心が自分の体から抜け出して、自分の体を観察したり操縦するという、まさに「幽体離脱」と言ってよい表現がたくさんあります。

　例えばパーティで出席者に声をかけるときに、日本語なら「よう、楽しんでるかい？」となるところが、英語では、

Hey, are you enjoying yourself?

となります。日本語で考えれば「自分が自身を楽しむ」というのは何か変な感じがしますが、英語の感覚で **I enjoy myself.** というのは、パーティにいる自分自身を外から客観的に眺め、「ああ、今のこういう私、楽しいなぁ」と感じている様子を表します。

　物騒な表現で恐縮ですが、英語で「**自殺する**」は

commit suicide ですが、砕けた言い方では kill oneself です。

He killed himself before the police entered the room.
「警察が部屋に入る前に彼は自殺してしまった。」

　日本語では「自身を殺す」というのは違和感がある言い方ですが、英語の「自分の心が自分の身体を操縦する」という、まるでロボットに乗り込んで操縦するような感覚がよく表れた表現です。これも一種の幽体離脱表現と言えるでしょう。

　dress oneself というのも典型的な幽体離脱表現です。dress は「服を着る」ではなく「服を着させる＝身支度を整えさせる」という意味の動詞です。

　例えば After the accident, my mother cannot dress herself. なら「事故の後、母は自分で服を着ることができない。」です。自分の「心」が自分の「身体」の支度を整える作業ができない、ということを意味しています。

　あるいは「彼女は青い服を着ている。」と言うときに、She is dressed in blue. と言います。

　「着ている」という能動態の意味なのに、なぜ形が「be 動詞＋過去分詞」なのかと不思議に思う人も多いでしょう。この dressed という過去分詞は形容詞として辞書に記載されてはいますが、元々は「自分が自分自身によって服を着せられている」という受動態の感覚が元に

なっているのです。図にすると、以下の感じです。

She dresses **herself** in blue.

She is dressed in blue.

　似た表現に seat という動詞があります。これも「席につく」ではなく「席につかせる」という意味です。もう少し深掘りすると「秩序を保つために席につかせる」「席につかせて落ち着いた状態を作る」という感覚があります。

I seated Jeff next to me.「私は Jeff を隣に座らせた。」

　上の文は、私が **Jeff** を促して座らせていることになりますが、

I seated myself next to Jeff.「私は Jeff の隣に座った。」

と言えば、私の意思が自分の身体を操縦して **Jeff** の隣に座るようにしたという意味になります。何か意図や目的があって自分の体を動かし、故意に **Jeff** の隣に座ったという感じがします。この表現も **be seated** で「座られる」ではなく「座っている」という能動の意味になりますが、それは先程の dress oneself → be dressed と同

じ仕組みです。典型的なのは飛行機内でのアナウンスでおなじみの、

"Please remain seated until the plane comes to a complete stop."（飛行機が完全に停止するまで席についたままでお待ちください。）

という言い方ですね。ちなみに remain は「〜のままの状態でいる」という意味の動詞で、be 動詞の代わりによく使われます。

▶ 自分が自分をそこに持ってくる

日本語の「〜する気になれない」は can't bring oneself to do 〜です。直訳すると「〜するということに向かって、自分が自分自身を持ってくることができない」です。

I can't bring myself to go there with them.
「彼らと一緒にそこへ行く気にはなれない。」

「自分が自分自身を連れてくる」というのはいかにも英語（正確には英語を含むヨーロッパ語全体）らしい、幽体離脱の発想です。

ほかには「自分にご褒美として〜を買う」と言うとき、英語では buy oneself 〜と言います。

Not knowing what to do with the money, John bought himself a big camper.

「そのお金を何に使えばよいかわからなくて、John は大きなキャンピングカーを買った。」

「buy 人＋物」という第４文型で、「人に物を買ってあげる」という意味になります。もちろん John bought a big camper. でも問題はないのですが、oneself を入れることによって、ただ「物を買う」という意味ではなく「自分自身に物を買ってあげる」という意味になります。必然的に、「ご褒美として自分に買ってあげる」という文脈でよく使いますが、やはり一種の幽体離脱の表現と言えるでしょう。

▶ その言語文化の思考習慣が文法を作る

このような言い回しは「外から自分を眺める」という西洋の発想から出てきています。西洋の哲学には「自分とは何者なのか」というふうに、「自己の存在」を外から客観視しようという考えが根強くあります。デカルトの「我思う、故に我あり」はその典型ですね。

英語だけでなく、ヨーロッパ語には幅広く再帰代名詞（つまり英語で言う oneself）を使った「自分が自分に〜する」という構文が存在しますが、「外から自分を見る」という西洋文化の発想がその基盤となっています。

第7講
時間も日本語は「臨場感」、英語は「俯瞰」

・ Spring came. と Spring has come. の意味の違い

▶ 過去の話なのに現在時制を使う日本語

　前章で日本語の視点の特徴として「自分の操縦席に他人を乗せて、自分の見えている景色を他人に見せてあげる」ことを解説しました。似たようなことが日本語の時制においても起きることを前出の池上嘉彦氏は指摘しています。

　英語の小説や物語文を読んだときに、皆さんは、英文では延々と過去形が続くことに違和感を覚えたことはないでしょうか。考えてみれば物語というのは基本的に過去の話を回想するものですから、過去形で描かれるのは当たり前なはずなのですが、我々日本語話者にとっては少し違うようです。

　以下は日本の戦国時代が舞台の小説ですが、過去形と現在形が「混ざって」現れることに注目してください（下線は筆者による）。

　　官兵衛が幸運だったのは、加藤又左衛門がキリシタン

だったことである。

　加藤の襟もとに、銀色のロザリオがのぞいている。官兵衛はこのときばかりは身を乗りだすようにして、

「あなたは、奉教人でござったか」
ときいた。

司馬遼太郎『播磨灘物語』より

　戦国時代の話ですから、物理的に考えればすべて過去時制を使って語られるはずなのに、「ことであった」「のぞいていた」といった過去時制にせず、「ことである」「のぞいている」という現在時制を使い、一方で最後の「きいた」は過去時制を使って表しています。日本語話者ならこの表現が表す感覚はよく理解できるでしょう。

　現在時制を使うことによって、まるで読者の目の前に至近距離で、リアルタイムで登場人物が存在して話をしているような感覚が出てきます。「今」というのは自分が今いる場所、つまり「ここ」ということでもあります。ですから臨場感が出るわけです。

　一方で過去時制を使うと「今現在からは遠く離れた、あの時のこと」という距離が感じられ、同じシーンでも俯瞰的に引いて見る感じがします。

　「ことである」「のぞいている」という現在時制を使って場面をクローズアップし、あたかも目の前で出来事が起きているように見せ、最後の「きいた」という過去時制で画面を引いて、場面を締めるという演出が見えま

す。

　過去の話をあえて現在時制を使って話すことがある日本語のこうした特徴もまた、「臨場感のある言語」の一翼を担うものだと言えるでしょう。

　一方で英語では同じようなシーンでも「機械的」と言って良いほど頑なに過去形が使われ、俯瞰的に引いて見る感じがします（下線と日本語訳は筆者による）。

On a summer evening in Paris, Hugh and I went to see *The End of the Affair*, **a Neil Jordan adaptation of the Graham Greene novel. I had trouble keeping my eyes open because I was tired and not completely engaged. Hugh had trouble keeping his eyes open because they were essentially swollen shut: he sobbed from beginning to end, and by the time we left the theater, he was completely dehydrated.**

　パリでのある夏の日の夕方、Hug と私は「愛の終わり」という映画を見に行ったんだ。Neil Jordan が Graham Greene の小説を映画化したやつだ。疲れていたしあまり身が入らなかったものだから、私は目を開けているのが辛かったんだけど、Hug はといえば、やっぱり目を開けているのが辛かったんだけど、その理由はつまるところ目が腫れていたからなんだ。つまり、映画の最初から最後まで Hug は泣きっぱなしで、私たちが映画館を出る頃

には彼は完全に脱水症状の体たらくだったんだ。

David Sedaris：*The End of the Affair* より

　英語での物語や小説では、このように動詞はすべて過去形であるのがデフォルトです。これは「振り返り、遠く離れた過去を眺める」感じです。この俯瞰的な感じは「外から自分を見る」という英語の特徴につながるものです。

▶ 日本語には本来「過去形」はなかった？

　同じ「過去形」でも、実は日本語の過去形と英語の過去形の感覚は少し異なります。日本語には本来「完了」表現が先にあり、後にそこから過去形が派生したと言われています。

　ここで過去形と完了のそれぞれの定義をしておきましょう。ここでは**「過去形」**を「今ではなく、過去あの時起きた出来事」を表す言葉だと定義しておきます。別の言い方をすれば**「今は違う」ということを表す形**でもあります。

　例えば「あの人は10年前北京に住んでいた。」と言えば「今は北京在住ではない」ということですから、この感覚は「過去形」です。英語で言えば、

He lived in Beijing 10 years ago.

といった感じです。

一方で、**「完了」**というのは、ひとつの動作の中にある「動作のし始め、最中（doing）、終わった後の状態（done）」という３つの局面のうち、**「動作をし終えた後の状態にある（done）」**ということを表すものです。これは「いつその動作をしたのか」ということではありません。**「動作のどの段階にいるのか」**を表しています。

　例えば冷蔵庫が壊れているのに気づいて「**わ！　冷蔵庫が壊れた！**」と言うとき、今その冷蔵庫は「壊れるという変化を起こした後の状態にある」ということになります。これが「完了」です。別の言い方をすれば、「冷蔵庫が壊れたのは過去の話であって、今は違うよ」ということを言っているわけではないので、これは過去形の感覚ではありません。英語で言えば、

Whoa! The fridge is broken.
（直訳：わ、冷蔵庫が壊れている。）

となります。今ある状態の話なので、過去形は使われません。

動作の最中を表す進行形や、動作が終わった後の状態にあることを表す完了など、「ひとつの動作のうちの、どの局面を指しているのか」を表す言葉の形式を文法用語で「アスペクト」と呼びます。一方で「過去・現在・未来」という時間を表す言葉の形式は「テンス」と呼ばれます。過去形は「テンス」を表し、完了は「アスペクト」を表す言葉の形式です。

▶ 私たちが「現在完了」を理解しにくいわけ

　英語の過去形は日本語に比べて「今は違う」ということをはっきり表します。英語で Spring came. と言えば、「そのとき春が来た。」のであって、今の話ではありません。

　ところが日本語で「春が来た。」と言えば、「春が到来した後の状態に、今ある」つまり「今は春が来てしまっている状態だ」という「完了」の状態を表します（英語で言えば現在完了の Spring has come.）。

　春が来たのが「今じゃなく、過去の話だ」ということをはっきり表すには「ひと月前に春が来た」というような、余計な表現を付けないといけません。

　「桜が咲いたね」も「バイクが壊れたんだよ」も、そのままでは「今そういう状態にある」ことを伝えるのがデフォルトの日本語です。「これは過去の話だよ、今じゃないよ」ということをきちんと表すには「2週間前に桜が咲いた」とか「おとといバイクが壊れた」のよう

に過去の時間を表す言葉を必要とします。

こうしたことから、日本語は「完了」の形式が先にあり、そこから「過去形」の用法が派生したのだということがわかります。

私たちが英語の現在完了を理解しにくいと感じるのはここに原因があります。完了から過去形が派生した結果、**日本語の「〜した」は完了も、過去もどちらも表すことができる**のです。逆に言えば「日本語脳」では、「過去形」と「完了」の区別がつきにくいわけです。ですから過去形と現在完了をハッキリ区別する英語に難しさを感じるのです。

▶ 外から時間を俯瞰して眺める英語

日本語に比べ「過去形＝今は違う」というイメージをよりハッキリ持つことでわかる通り、英語は時間を「現在・過去・未来」の3つに明確に区切ります。そしてその3つのエリアのどこで出来事が起きるのかを、外から俯瞰して眺めます。

ですから、過去の出来事は過去形であり、臨場感を出すために現在形をわざと使うというようなことは、全く

ないとは言わないにしても、日本語に比べると極端に少ないです。

日本語は「自分がカメラ」ですから、目の前で起きていることが大事です。ですから「今、目の前」に存在しない過去のことよりも、「目の前の出来事が、起こり始めなのか、最中なのか、終わった後なのか」ということに、より注目します。その結果過去形よりも完了形が先に発達したのでしょう。

言葉に表される「時間」というのは、客観的で物理的なものではなく、その言語を話す人たちの「時間の見方」です。言語が違うと、時間の捉え方も違う部分が出てくるのです。外国語の時制の学習が難しいのには、こうした原因があるのです。

——— 第 8 講 ———
「数えられる名詞」と
「数えられない名詞」が見る風景

・ chicken と a chicken の違い

▶ We love dog. がなぜ奇妙な表現なのか

英語を勉強する上で、私たち日本語話者が最も理解し難いもの、それが「数えられる名詞（可算名詞）」と「数えられない名詞（不可算名詞）」です。学習者の多くの方々が参考書にある「可算名詞のリスト」「不可算名詞のリスト」をとりあえず覚えたりしたのではないでしょうか。

そうはいっても、可算名詞や不可算名詞がどんなイメージを持つのか、ピンとこない限りはうまく使いこなせる気はしないはずです。英語脳の持ち主たちは、一体どんなイメージを名詞の中に見ているのでしょうか。

この講では、可算名詞と不可算名詞がどんな風景を見せてくれるのか、というお話をします。つまりこれも、英語脳が見る世界のお話です。

▶形を崩したら成立しないもの、
   いくら砕いても〇〇は〇〇なもの

　英語脳の持ち主は、この世の「もの」を2つの種類に分けて見ます。1つは「形の仲間」、もう1つは「材質・性質の仲間」です。

　例えば目の前のスマートフォンをバラバラに砕いて、その破片を「スマートフォン」とは呼びません。机の破片や、車の一部の部品を「机」、「自動車」とは呼びません。これらの物は、いずれも**「その形がまるごとひとつ」**完全にそろっていないと、それだと認識できないものばかりです。

　一方で、氷をバラバラに砕いて、その破片を我々はやはり「氷」だと認識します。チョコレートをバラバラにしてもやはりそれはチョコレートです。バケツの水を柄杓<ruby>杓<rt>しゃく</rt></ruby>ですくって、コップに移し替えたものも、やはりそれは「水」です。このように、どのように**「形が崩れても」**それはそれ、となるものがあります。

　こうしたことから、この世にはスマートフォンや机のように「形」で認識するものと、氷やチョコレートのように「材質」あるいは「性質」として認識されるものの、2種類があるのだということがわかります。これは人類である限り、普遍的に5歳くらいまでに認識できるものなのだそうです。ですから我々日本語脳で世界を見る者にとっても、言われてみればなるほどそれは確かにそうだと思うわけです。

しかし私たち日本語話者は普段意識してその２つの種類を区別したり、ましてや言葉に表そうとは思ったりしません。しかし英語脳ではものを見るたびに、つねにそれが「**形の仲間**」なのか、「**材質・性質の仲間**」なのかを判別しようとします。

　世界中の言語の違い、さらにそこから生まれる文法の違いの根源には、こうした「**その言語を話す人たちが世界のどこに注目するのか、しないのか**」の違いがあります。

▶ 英語の世界での「１」とは？

　私たち日本語話者はチョコレートを「１粒、２粒」、あるいは板チョコなら「１枚、２枚」と数えます。しかし英語では chocolate は「数えられない名詞」だといいます。

　英語の世界での「数えられる」とは一体どういうことなのか？　つまり英語にとっての「１ (one)」とはどういうことなのでしょうか。

　英語の世界の「１」は「『形』がまるごとひとつ」そろっていることを意味します。つまり、「形の仲間」の話なのです。「机」と呼べる形がまるごとひとつそろっていること、「スマートフォン」と呼べる形がまるごとひとつそろって存在していることです。だから「**形の仲間**」は「**数えられる名詞（可算名詞）**」です。

　しかし、氷やチョコレートのように「いくら砕いても

その破片もやはり氷でありチョコレートである」という「材質・性質の仲間」には「これ以上崩したらそれと呼べなくなる形」がありません。「1つ」の素になる決まった「形」が存在しないので、**材質・性質の仲間は「数えられない名詞（不可算名詞）」**なのです。

　そして英語には「形が1つ丸ごとそろって存在している」ことを意味する言葉があります。それが**a, an**という冠詞です。「1つ」を意味するだけあって**a**と**an**は**one**と同じ語源です。生きて動いている鶏が1羽いれば、それは鶏という形が丸ごとそろって存在しているので、**a chicken** です。

I saw a chicken running around in the yard.
「鶏が一羽、庭を走り回っているのを見かけた。」

　しかし同じ **chicken** でも、「昨日は鶏肉を食べた」なら普通 **a** はつきません。なぜなら鶏肉はいくら切っても鶏肉で、「これ以上崩したら鶏肉とは呼べない」という形が存在しないからです。つまり氷やチョコレートと同じ「材質・性質の仲間」です。

I ate chicken yesterday.「昨日は鶏肉を食べた。」

　もし **I ate a chicken yesterday.** と言えば、それは頭から尻尾まで鶏を1羽を丸々全部食べたという意味にな

ります。特殊な文脈でない限り、生きた鶏を丸かじりしているイメージが浮かびます。

このように、同じ chicken なのに、捉え方次第で可算名詞になったり不可算名詞になったりします。ということは、英語脳の中には可算名詞と不可算名詞のリストが備わっているのではなく、物を「形の仲間」と「物質・性質の仲間」に分けて見るという「認識の仕方の違い」が存在しているのだということがわかります。

文法は無機質なルールの集まりではなく、その言葉を話す人々の「世界の捉え方」の表れだということがわかります。

そして a という冠詞も適当につけたりつけなかったりする記号ではなく、きちんと意味を表す言葉だとわかります。とあるペット業者の広告で "We love dog." というコピーがありましたが、これだと「犬の肉が好き」と受け取られかねません。せめて We love dogs. としましょう。犬という種類全般を表す時は犬 1 匹だけの話ではないので複数形にします。

▶ 複数形の -s の本当の意味

複数形を表す -s にも、単に「複数」である以上の豊かなイメージがあります。

例えば日本語の「増えてきた」という言葉、「川の水かさが増えてきた」と「最近この辺りでは猫が増えてきた」ではそのイメージが全く異なることがわかるでしょ

う。

　水かさが増える場合、それは水の量が増えるわけで、別の言い方をすれば、水のかたまりが巨大になっていく、ということでもあります。

　しかし、猫が増える場合、それは猫が膨らんで巨大化することを意味するでしょうか？　もちろんそうではありません。猫の形の数が増えることを意味しています。

　同じ「増える」でも「材質・性質」の仲間を表す不可算名詞では「量」、つまりかたまりが膨らんで大きくなるイメージですが、「形」の仲間を表す可算名詞では、形がコピーされて、その「数」が増えていくことを意味します。

　英語の複数形の -s が持つ正確なイメージは、「形の数が増えていく」イメージです。逆に言えば水かさが増えるときのように「かたまりがただ巨大化していく」ことは意味しません。ですから水や氷のような不可算名詞は複数形の -s は付かないわけです。

　このように複数形の -s は「不可算名詞は複数形にならない」というルールを超えて、イメージ、つまり「意味」を表しています。これが文法の本質です。つまり、文法というのは単語や熟語同様、意味を表すためにあるのです。これが認知言語学の考え方です。

▶ 日本語脳が注目するのは？

　我々日本語脳の持ち主にとって、このような英語脳の

世界の捉え方は随分と「面倒くさい」ものに思えます。しかし、実は気づいていないだけで私たち日本語話者も随分と面倒くさいものの見方をしています。

　英語脳の世界ではものが「形の仲間」なのか「材質・性質の仲間」なのかの二分法です。しかし、中国語や韓国語や日本語ではものが「細長い」のか、「平たい」のか、「容器に入っている」のか、「とじられた紙の束」なのか「大きな動物」なのか「小さな動物」なのか、などにいちいち注目します。そしてそれに応じて例えば日本語なら「1本」「1枚」「1杯」「1冊」「1頭」「1匹」などと言い分けます。こうした単位は日本語では助数詞、中国語では量詞などと呼ばれますが、西洋人の学習者にとって、これは頭痛の種でしょう。

　では、この助数詞と呼ばれるものが表すのは、単なる文法の「ルール」なのでしょうか？　例えば「1匹の本」という言葉を想像してみてください。「文法テスト」なら「間違った使い方」ということで終わりでしょうが、それとは別に、我々日本語ネイティブには、手足が生えて、生き物として動き回る「本」の映像が浮かぶ言い方でもありますね。おとぎ話の中なら、通用しうる言い方です。このような映像が浮かぶのはなぜでしょう？

　それは、助数詞のような文法項目が単なるルールではなく、「意味」を表しているからです。単語や熟語が意味を表すのと同じく、文法も意味を表すために存在する

のです。

　言語間の文法の違いは単なるルールの違いではなく、その言語の母語話者たちが持つ「注目点」の違いです。外国語を学ぶことで、普段私たちが気にしていなかった、新しい世界の捉え方を手に入れることが可能になります。また、外国語のものの見方と比較することで、初めて気づく日本語独自のものの見方に出逢います。

　「英語を学ぶ暇があるなら、まず日本語をしっかり勉強しろ」という乱暴な意見があります。しかし外国語を学ぶことで、私たちが日本語を意識して観察し、再発見し、その結果、運用能力を向上させることができると、私は強く信じています。

第9講
同じ「見る」なのに
なぜsee, look at, watch?

ここで扱う表現

- nod one's head（首を縦に振る）
- turn one's head away（顔をそむける）
- stumble, wobble などの「様態動詞」
- see, look at, watch の違い

　英語を勉強していれば、中学のときに「見る」を意味する see, look at, watch、「聞く」を意味する hear, listen to、「話す」を意味する say, speak, talk, tell といった表現に出逢います。私が中学生だった時、授業で説明を聞いてもこれらの言葉の意味の違いがよくわかりませんでした。そして「面倒くさいな。見るなら見る、聞くなら聞くで、ひとつの言い方でいいじゃないか」とも思いました。

　けれども逆に「（シャツ）を着る」「（靴）を履く」「（帽子）をかぶる」「（手袋）をはめる」「（化粧）をする」「（腕時計）をする」は、英語では全部 wear という動詞で済むと知り、「え？ ちゃんと分けよう。気持ち悪いよ」なんて思ったものです。日本語で「ウェア」と言えば「着るもの」というイメージなので、「化粧をする」が

wear makeup だなんて言われると、「化粧を羽織っている」、つまり上半身全体に化粧をしているような変なイメージが浮かんだものです。

▶ 言葉が違うと、世界の切り取り方が違う

　私たちが外国語を学ぶにあたって、心に留めるべきことのひとつに「言葉が違うと、世界の切り取り方が違う」というのがあります。英語と日本語で言えば、身体部位の呼び方の違いなんかがそうです。

　日本語では首から頭頂部までの全体を「クビ」と呼ぶことがあります。例えばうなずくことを日本語で「首を縦に振る」と言いますが、ここでの「首」は厳密に言えば首を含まない、顎から頭頂部までの部分を指しています。構造的に「首」自体は振ることはできませんね。また、切断された頭部全体を「生首」と呼んだりもします。

　英語ではこの部位を **head** と呼びます。英語で「**首を縦に振る**」は nod one's head です。しかし、これを日本語で直訳すると「頭を縦に振る」となり、私たち日本語話者にとってはヘビーメタルのヘッドバンギングのような奇妙な映像が浮かびます。

　日本語の「**顔をそむける**」は英語では turn one's **head away**（直訳：頭を向こう側に回転させる）なので、ここでも身体部位の切り取り方が異なっていることがわかります。

体の部位以外にもたくさんの「切り取り方」の違いがあります。例えば日本語では「水」と「お湯」とを切り分けるところを英語では water と hot water というふうに、特に「お湯」という独立した単語がないのも世界の切り取り方の違いです。

　英語を勉強するときにはこうした「日本語とは違う世界の切り取り方」も意識して単語を覚える必要があります。これは「首」や「お湯」などの名詞の世界だけでなく、動きを表す動詞の世界にもたくさんあります。

　例えば日本語の「〜してあげる」や「〜してもらう」に似た表現を持つ外国語はそれほど多くはないと思います。何かの行為をすることによって恩恵を与えたり、被ったりするということをいちいち言葉にして表そうとするのは考えてみると不思議です。

　日本語なら「お母さんを手伝った」と「お母さんを手伝ってあげた」にはニュアンスの違いがありますが、英語ならどちらも I helped my mother. となるでしょう。これは「行為についてくる恩恵の授受を意識する日本語と意識しない英語」という、一種の「世界の切り取り方の違い」です。

　英語学習者が不自然な「日本語を直訳した英語」を作ってしまう原因は、この「切り取り方の違い」に注意を払っていないことにあります。例えば英語学習者の中には「手伝ってあげた」という日本語の中に「母のために手伝ってあげた」という感覚を見出すため、× I helped

for my mother. という不自然な英語を作ってしまう人が
います。

▶ 日本語のオノマトペと英語の様態動詞

　動詞における、日本語と英語の「世界の切り取り方の
違い」の代表格は、日本語の「オノマトペ＋動詞」と英
語の「様態動詞」です。

　日本語では動作の様子をオノマトペを使って表すこと
が普通です。ちなみにオノマトペというのはフランス語
から入った言葉で、「擬態語・擬声語・擬音語」のこと
を意味します。例えば「よろよろと歩く」なら「よろよ
ろと」というオノマトペが「歩く」という動作の様子を
説明しています。

　英語はひとつの動詞でこれをまとめて表す傾向があり
ます。「よろよろと歩く」なら stumble という動詞を使
い、「彼はよろよろと階段を降りて行った。」なら

He stumbled down the stairs.

と言います。

　この stumble のような、「どんな様子でその動作をす
るのか」を表す動詞は一般的に「様態動詞」と呼ばれて
います。様態動詞を上手く使いこなすと英語らしい表現
を作りやすくなります。

　逆に言えば様態動詞を意識していない英語学習者は

He walked down the stairs unstably. のような英文を作りがちです。間違った英文ではありませんが、日本語の「オノマトペ＋動詞」をそのまま英語に移し替えた表現は、時に不自然に響く時もあるでしょう。

　よりスマートな英語表現を目指すなら、様態動詞は積極的に表現に取り入れていくべきです。「よろよろと歩く」のような、「（様態）と（動作）する」という日本語の構文を英語にするときには、**使える様態動詞がないか、考える癖をつけましょう。**

　以下に幾つか代表的な様態動詞を紹介します。

- wobble：ぐらつく、がたつく

  This chair wobbles.「この椅子、ぐらぐらする。」

- creak：キーキーいう、きしむ

  The door creaked on its hinges.
  「ドアは 蝶 番 のところでキーキーと音がした。」
  （H. G. Wells : *the Red Room* より）

- rustle：かさかさ・さらさらと音を立てる

  Her silk dress rustled as she moved.
  「彼女が動くたびに絹のドレスがサラサラと音を立てた。」　　　　　（オックスフォード現代英英辞典より）

　既に紹介した **stumble down**（よろめきながら降りる）

のように、「様態動詞＋動作の方向」という形がよく使われます。

- jerk：ぐいと動かす、ぐいと突き出す
  The man in front of me jerked his head back.（jerk + back）
  「私の前にいた男が頭を後ろにぐいと突き出した。」

- wriggle：身をよじる、のたうつ
  She wriggled out of his arms.（wriggle + out of）
  「彼女は身をよじって彼の腕の中から逃れた。」

　日本語のオノマトペのように、これら様態動詞も多くが擬音語から発生した動詞です。英語で描かれた漫画には、擬音語として様態動詞が使われることがあります。
　例えばキスの「チュッ」という音は smack、「ポカン・パカン」と叩くときは whack といった具合です。様態動詞を見かけたら、その発音の擬音の感じを味わいながら音読すると、理解が進みます。

▶ どのように見るか、聞くかという様態の違い
　英語が動詞そのもので動作の様態を表す言語なのだということがわかると、see, look at, watch や hear, listen to といった動詞は見方、聞き方の様態の違いを表しているのだということがわかります。

「見る」について言えば、see は視界に入ってきた情報に気づくということで、一方 look at はあるところに視線の照準を合わせる、ということです。

Hey, look at that!... Did you see it?
「ねぇ、あれ見て（＝あれに目を向けて）！　見た（＝視界の中に入った）？」

　「聞く」の場合、hear は see に、listen to は look at に似ています。

I heard some strange noises. 「変な音が聞こえた。」

なら、音が耳の中に飛び込んできたことに気づいたことを表します。

Hey, listen to me! 「ねぇ、私の話を聞いてよ。」

なら、周りに溢れるいろいろな音の中から、私の話に耳の照準を合わせてちょうだい、ということです。
　watch は「動いているもののなりゆきを見守る」ということです。I watched TV.（私はテレビを見た。）ならテレビの画面内で起きているできごとを、「この後どうなるんだろう」と見守っていることを表します。逆に言えば静止画を watch するのは不自然です。× I watched

the picture. とは言いません。

　look at（〜に目を向ける）には様々なバリエーションの様態動詞があり、以下のものが代表的です。

• glance at：〜にちらりと目を向ける
　　The man glanced at me nervously.「その男は落ち着かない様子で私にちらりと目をやった。」

• stare at：（驚きや好奇心から）〜をじっと見つめる
　　Mary stared at John in disbelief.「Mary は信じられないといった表情で John をじっと見た。」

• gaze：見惚れてじっと見つめる
　　Kate gazed lovingly at Brian.「Kate は愛情あふれる眼差しでじっと Brian のことを見つめた。」

— 第 **10** 講 —
「ある・いる」でも
there is 構文を使わない場合

ここで扱う表現

- **新情報を表す there is 構文**
- **旧情報を表す「主語＋be 動詞＋場所」構文**

　初級から中級の英語学習者の英作文を添削している
と、「〜がある」ということが言いたいときに、there is
構文を使いすぎる傾向が見られます。there is 構文はあ
る条件が満たされないと使うことはできません。

▶ 新情報の存在

　there is 構文は「新情報の存在」を表します。新情報
というのは「今初めて明かす情報」です。旧情報という
のもあって、それは「すでに聞いて知っている情報」で
す。例えば以下に例示する下線部の「猫」はどちらが新
情報で、どちらが旧情報だと思いますか？

❶「床下で動いていたのは何？」
　「猫だったよ。」
　　─

❷「さっきここにいた猫知らない？」

「ああ、その猫ならあなたのベッドの上で寝てたよ。」

　❶の「猫」は新情報で、❷の「猫」は旧情報です。❶は「何がいるのかわからない→実は猫」という「初めて明かされる情報」、❷は「今あなたが言った猫なら」という「すでに話題に出ているその猫という情報」です。
　英語では**新情報の「〜がいる・ある」に there is 構文**を使い、**旧情報の「〜がある・いる」は「存在するもの＋ be 動詞＋存在する場所」**という構文を使います。

【新情報】

"What is on the table?" "There are some plates and cups."
「テーブルの上には何がありますか？」「皿とカップがいくつかあります。」

【旧情報】

"Do you know where the park is?" "It is over the river."
「その公園がどこにあるかわかりますか？」「（その公園なら）川の向こうにありますよ。」

　なぜこんなふうに言い方を変えるのか、ですが、英語の語順の大原則にその原因があります。英語の語順には2大原則があります。

【英語の語順の2大原則】
1. 言いたいことから先に言う
2. 軽い情報が先、重い情報は後

　1つ目の「言いたいことから……」ですが、典型的なのは疑問文でのwhatやwhereなど疑問詞の位置です。日本語なら「それは何？」と言うところを英語ではIs that what?とはせずWhat is that?とします。この文の中で一番尋ねたい情報はwhatだからです。

　2つ目の「軽い情報が先……」ですが、典型的なのは仮主語itを使った構文です。仮主語itには「意味がない」と教わってきた人も多くいらっしゃるかもしれませんが、D・ボリンジャーという言語学者は1970年代に「itの意味は『状況（setting)』である」と述べています。

　例えば日本語で「その池で泳ぐのは危険だ」と言うのを英語でTo swim in the pond is dangerous.と言っても間違いではないですが、一般的には

It is dangerous to swim in the pond.

とする方が多いです。特に会話ではそうです。まず最初に「（状況は）危険だ (it is dangerous)」という骨組みの情報を述べ、その後に「状況 (it)」の詳しい中身、つまり肉づけである「その池で泳ぐことは (to swim in the pond)」という情報を述べています。

　なぜこんなことをするのかというと、人間の脳は当然軽い情報の方が楽に情報処理ができます。それなら先に情報処理の楽な軽い情報から伝え、聞き手の心の準備ができたところで詳しく重い情報を伝えるのがわかりやすい言い方になります。

　書いてある文を読むのと違い、会話の音声は瞬く間に消えてしまいますから、複雑な情報処理には向いていません。ですから、なるべく聞き手にとって情報処理が楽な言葉の並び方が選択されるわけです。

▶ 新情報を扱う there is 構文では 「存在する新情報」は一旦後ろに

　初めて聞く情報と、既に知っている情報なら、脳にとって情報処理が楽なのは、当然既に知っている情報、つまり旧情報です。今まで聞いたことのない情報をいきなり投げかけられても、「え？　何々？　何の話？」となります。そこで、旧情報は文の最初の方に、新情報は文の後のほうに回ります。

　「今あなたが言った公園なら川の向こうにあるよ。」という話をする時、「今言った公園」は既に知っている旧情報です。つまり、頭の中で処理しやすいという意味で「軽い情報」です。ですから、

It（= the park）is over the river.

というふうに、文頭に主語としていきなり出てきます。

　一方で、「テーブルの上に何がある？」と問われて、

There are some plates and cups (on the table).

と答える時、**some plates and cups** はここで初めて出てくる新情報です。そこで、文頭に **there are** を使ってまずは「何かがある、という話をするよ」というサインを送ります。情報的にも軽いですよね。聞き手はそれを耳にすることで「何があるんだろう」という心構えができます。そこに新情報である **some plates and cups** を送り込みます。

　このような、存在物が新情報なのか、旧情報なのか、に応じた構文の使い分けは、中国語などにも見られます。

　日本語には新情報・旧情報に応じたここまで厳密な言い分けはありませんが、それでも一般的には、新情報は後、旧情報は前に置かれた方が自然に感じられます。

　例えば昔話で「おじいさん」が初めて登場するくだりでは「ひとりのおじいさんが、ある村におりました。」よりは、「ある村に、ひとりのおじいさんがおりました。」の方が自然でしょう。そして、一度出てきたおじいさん、つまり旧情報を扱う文では「山へ柴刈りにおじいさんは行きました。」ではなく、「おじいさんは山へ柴刈りに行きました。」の方が自然です。

どの民族であろうと、人間の脳の構造は同じなので、新情報は処理しにくく、旧情報は処理が楽なわけです。こうした人類普遍の特性が文法に表れているので、程度の差はあれ、どのような言語でも旧情報は先で、新情報は後に回されやすいという傾向があります。

▶「いる・ある」の意味を出すのは be 動詞

　よくある誤解なのですが、there is 構文の there という単語に「いる・ある」という意味があるのではありません。there はもともと「そこに」という場所を指す言葉ですが、there is 構文の中での there は単に「今から何かが存在するという話をするよ」というサインの意味くらいしかありません。「いる・ある」の意味を出しているのは be 動詞です。

　「でも be 動詞って、『です・ます・だ』って意味でしょう？」とお思いの方もいらっしゃるかもしれません。「です・ます・だ」というのはただの日本語訳であって、be 動詞の「意味」ではありません。be 動詞の根っこの意味は「〜という状態で存在している」です。そこから、

He is my student.
彼は私の生徒という状態で存在している
→「彼は私の生徒です。」

She is in Kyoto now.
彼女は今、京都の中という状態で存在している
→「彼女は今京都にいる。」

という日本語訳が出るのです。**She is in Kyoto.** のように「主語＋be 動詞＋場所」の構文では、be 動詞は「いる・ある」という意味が出ます。そして there is 構文でも is が「いる・ある」の意味を出します。

さて、ここまで、**there is** 構文は新情報の存在を表すために、「主語＋be 動詞＋場所」の構文は旧情報の存在を表すために使うということを解説しました。しかし、英語にはもう 1 つ、**have** という動詞を使って存在を表す時があります。

例えば「私には兄弟が 2 人いる。」と言うのに I have two brothers. とは言っても、× There are two brothers for me. とは言わないのはなぜでしょう？

そして、「今夜パーティがある。」というのは There is a party tonight. とも I have a party tonight. とも言えますが、両者には意味の違いがあります。それはいったいどのようなものなのでしょう。次講では have の「存在」が何を表すのかを解説します。

第 11 講
「ある・いる」でも
have を使う場合とその理由

ここで扱う表現

- Do you have wolves here? : 「このあたりってオオカミが住んでいるの？」
- There is a party tonight. と I have a party tonight. の意味の違い

　前講では「ある・いる」という存在を表す文について、新情報の存在には there is 構文を、旧情報の存在には「存在物 + be 動詞 + 存在する場所」という構文を使う、という話をしました。英語ではもう１つ、「ある・いる」を表す代表的な動詞があります。それが have です。

▶ have =「所有している」では視野が狭い

　以前、とある生徒さんがこうおっしゃっているのを耳にしたことがあります。「『私には娘が２人いる。』っていうのを英語では I have two daughters. って言いますけど、なんか『娘を持っている』なんて、所有物みたいで嫌なんですよ」。

　確かに I have a car.（私は車を１台所有している。）と

いうのと同じ言い方ですから、わからないでもありません。けれども have は、She has brown hair.「彼女の髪は茶色い。」のように「所有」というよりは特徴を表すこともありますし、I have a cold.「私は風邪をひいている。」というふうに病状を表すこともあります。また、I have a party tonight.「今夜パーティがある。」というような、用事を表すこともできます。have という動詞を「所有している」というイメージだけで捉えるのはどうも一面的に過ぎるようです。

have という言葉は多様な意味で使われますが、その根っこの意味は「自分の領域内に何かが存在する」ということです。もし have に対して「所有する＝私のものだ＝私が好きに使って良い」というイメージをお持ちなら、一度それを捨て

て、「自分という領域（領土・領空のイメージです）の中に**存在している**」という見方で have を見つめ直してみましょう。

Do you have wolves here?

この文は文脈によっては「あなたはここでオオカミを

飼っているの？」という意味にならないこともありません。しかし一般的には「このあたりってオオカミがいる（＝生息している）の？」という意味で解釈されます。

「have ＝持っている」というイメージが染み付いている方にとって、こういう表現には違和感があり、結果として使いこなせない、ということがよく起きます。英単語に与えられた日本語訳を頼りに英語を考える習慣を捨て、「英語脳」を通して単語を眺め、そこに見えるイメージを捉えましょう。

have の意味は「自分の領域内に何かが存在する」ということです。ここでの「自分」というのはより正確に言えば have の主語のことです。**Do you have wolves here?** なら、**you** の領域内にオオカミは存在するのかということです。このセリフはよそから来た人がその土地の人に向かって投げかけた問いです。**you** の領域は「あなたが生活している領域」です。日本語で言えば「あなたのとこって」という感じですね。

このように you が「あなた」という個人から、個人が住んでいる地域というところに意味をずらす現象をメトニミー（換喩）と呼びます（第24講参照）。**have** は「主語が関わっている領域内に何かが存在する」ということですから、この場合 you have wolves は「あなたが関わっている領域、つまりあなたが住んでいる地域にオオカミが存在する」ということを表します。

▶ there is 構文の「いる・ある」と
have の「いる・ある」はどう違う?

　日本語では「私には娘が2人いる」と言いますが、「いる・ある」を表す there is 構文を使って、例えば There are two daughters for me. と言えるのでしょうか?

　それを考える前に、「今夜パーティがある」を意味する I have a party tonight. と、There is a party tonight. にはどんな意味の違いがあるのかを考えてみましょう。

　どちらの言い方もごく自然な英語表現ですが、両者には意味に違いがあります。

　　I have a party tonight.

なら、**「私個人の用事」**を表します。I have というのは「私が関わる領域に何かが存在する」ことを意味するからです。

　一方で、

　　There is a party tonight.

なら、「どこかで今夜パーティがある」という**「客観的な出来事の存在」**を意味しています。誰にとっての用事なのか、ということではありません。

　だから例えば誰かからの誘いを断るときに「ごめん、

今夜パーティがあるんだ。」と言うなら、I'm sorry, but I have a party tonight. と言います。

「今夜パーティがあるんだって。一緒に行かない？」というなら I heard that there is a party tonight. Shall we go? となるでしょう。

さて、「私には娘が2人いる」ですが、血縁関係というのは「誰かにとって」の話にしかなりません。つまり、私にとっての娘であり、彼にとっての兄であり、彼女にとっての母です。この世に「誰のものでもない客観的な父・母」は存在しないわけです。

そうすると there is 構文を使った There are two daughters for me. というのは極めて不自然な文だということがわかります。「私にとっての娘」の話ですから、「私の領域内に娘が2人存在する」ということを表す

I have two daughters.

と言うのが自然です。

言われてみればなるほど確かに、という感じもしますが、英作文を添削していると結構多くの生徒さんがこのような感じで there is 構文を間違えて使います。どこに原因があるのでしょうか？

それは「英語と日本語を置き換えられるようにすることが英語の学習なんだ」という間違った認識を持ってしまっていることにあります。日本語訳が不要・無用と言

っているわけではありません。学習の入り口としてはとても役に立ちます。しかし、学習を進めていくうちに多くの用例に出会い、そこから英単語や英熟語、あるいは構文が持っている「イメージ」が見えるようにならないといけません。

　これはちょうど、AIのディープラーニングに似ています。例えば1匹の猫の写真を見てそれを「猫」だと認識している段階では、体の大きさや毛並みが違えばAIはもはやそれを猫と認識できなくなるかもしれません。しかし、さまざまな猫の写真や映像をインプットしていくうちに抽象的な「猫らしさ」というものをAIは認識していきます。そして、どのような猫でもかなり正確に「猫」と認識できるようになっていきます。

　私たちも英語を学習していく中で、単語や熟語や構文などの「らしさ」を捉えるようにしていかないといけません。英語学習者の中で人気がある「多読」が持つ効能はまさにここにあります。

第 3 章

「状況」を利用する
英語の意外な戦略

第 **12** 講
日本語の会話は「共感」で進み、英語の会話は「why」で進む

▶ なぜ英会話につまずくのか?

英語で会話するということは、確かに簡単ではありません。単語や熟語、構文の知識、リスニングの能力、スムーズに発音できるまで練り込んだスピーキングの能力、いろいろ必要です。

ただ、私たち日本語話者は、それとは全然関係ないところで「英会話」につまずいている場合があります。これも一種の「英語脳」の問題で、ここを改善するとそれだけで英会話の能力は結構上がります。

▶「会話の流れ」も言語によって違う

日本語や英語に「文法」があるのは当然ですが、実は日本語や英語の「会話」にも一種の文法みたいなものがあります。この「会話の文法」というのは、「普通はこういう会話の流れになるでしょ」という、話し手と聞き手の間の暗黙の了解のようなものです。

この「了解」にズレがあると、英語でどうこうという以前に、そもそも仮に日本語であったとしてもどう返事をしたらよいのか戸惑う、という事態が発生します。

日本語と英語における、「会話の文法」のズレ、それ

は、**日本語話者は「共感」で会話を進め、英語話者は「why」で相手の話を引き出す**、というものです。

　例えば日本語なら「私、ラーメン大好きで〜」と言えば、大体の場合は「ああ、ラーメンいいよねぇ」などの「同意」「共感を示す返事」が返ってきます。これが日本語の会話の「普通の流れ」です。

　ところが、英語の会話ではこの「流れ」が違ってきます。私が生まれて初めてアメリカで過ごしたのは、高校2年生の時でした。ホームステイプログラムでサンフランシスコに1カ月滞在したのですが、ホストファミリーに同い年の男の子がいました。彼は、何かというとWhy? と尋ねてくるのです。

「え？ ○○っていうバンドが好きなの？ Why？」
「え？ あそこの店のハンバーガー気に入ったの？ Why？」
「このテレビドラマつまんない？ Why？」……

　英語話者と話す経験をお持ちの方の中には、彼らが会話で必ず why を聞いてくる、ということに気づく方が多くいらっしゃるでしょう。そしてこんな気持ちになったのではないでしょうか。

「『なぜ？』って聞かれても、好きだから好きなんだし、理由なんていちいち考えないし……」

▶ Why? の理由

　しかし別に彼らは詮索が好きなわけでも、問い詰めようと思っているわけでもありません。私たち日本語話者が友好的な気持ちを表すために「共感」を表明するのと同じく、彼らも相手と仲良くなりたくて「**Why？**」を聞いてくるのです。

　彼らの尋ねる **why** が伝える気持ちは、「**あなたのことに興味がありますよ。あなたのことをもっと知りたい。だからなぜそんな気持ちなのか、教えてもらえませんか**」です。「仲良くなる」というゴールは同じでも、進むルートが日本語とは違うわけで、一種の英語脳なのです。

　これに気づかずに、「何て答えれば良いかがパッと浮かばなかったよ。英会話って難しいなぁ」と思ってしまう学習者が結構いらっしゃるのですが、そもそもこれは英語の知識の問題ではありません。**why** に対する答え方の問題なのです。

▶ 日本語話者は「理由」を考えるのが苦手

　そういうわけで、英語話者と会話をするときには「**why が来るぞ**」と心の準備をしておくと、状況がかなり良くなるのですが、ここで問題が一つあります。

　第1章で触れた通り、**日本語は「原因に触れたがらない」**のです。ですから日本人は **why** に答えるのが苦手です。「いちいち理由なんて考えたことないよ」という気持ちが起きる原因は「日本語の性格」の中に隠れてい

たのですね。

　そして、英語話者が **Why?** を好むのは、これも第1章で触れた通り、英語が因果関係の説明を重視する言語だからです。

▶ ゲーム感覚で「理由を思いつく」癖をつけよう

　「原因に触れない」習慣を持つ私たちは、英会話の訓練とともに、「理由を思いつく訓練」を積んでおくべきです。

　「理由を思いつく」にあたって、難しく考える必要はありません。理由を考えるのではなく、**「連想ゲーム」**だと思ってください。例えば、敢えてあなたが**好きでもなんでもない食べ物**を思い浮かべてみましょう。そしてそれがなぜ「好き」なのか、言ってみましょう。あなたはその食べ物が好きではないのですから、当然「まじめに」は答えられません。

　何ができるかと言えば、その食べ物からイメージを連想することです。例えば私は辛いものが食べられないのですが、それでも「辛いもの」と言われれば、辛いものが好きな人にとっては「美味しい」「汗が出て健康に良い」「食欲が湧く」「目が覚める」という印象があるだろうな、ということは連想できます。

　"Why do you like spicy food?" に対して……

"Because it tastes good."（美味しいから。）

"It makes me sweat and it is good for my health."
（辛いものは汗が出るし、健康にいい。）

"It makes me want to eat even on hot days."
（暑い日でも食欲が出る。）

"Eating spicy food is exciting. It wakes me up."
（辛いものはテンションが上がる。自分がシャキッとする。）

▶「好きでもないもの」で考えることの大事さ

なぜここで、あえて自分が好きでもないものをトピックにあげたのかと言えば、本当に好きなものの理由を考えると、人は結構複雑に考えすぎてしまうからです。思い入れが強くなれば、表現もそれだけ入り組んだ、複雑でこだわったものになる可能性が高くなります。

好きでもないものに対して、「好きな理由」をパッと言える思考方法が身につけば、大抵のトピックに関して「理由を答える」ことは難しくはなくなります。**大事なのは「返事を思いつく思考の経路をつかむ」ことです。**

相手への返答は、できるだけシンプルに（中学レベルの英語で）、単純な返答を心がけましょう。相手に渡す情報は単純で不十分なくらいがちょうど良いです。

なぜなら会話というのは「お互いの情報の不十分なところを、相手が質問やコメントなどで補っていく」ことで発展するからです。こちらが全部言ってしまったら、逆に相手は言うことがなくなってしまい、会話が終わっ

てしまうこともよくあります。

　ぜひ普段から「理由を話す」訓練（独り言で結構です）を積んで、実際の会話に臨んでみてください。かなりの確率で「ハマる」はずです。

▶ 日本語を英語に置き換えるという発想は捨てる

　会話ひとつとってみても、単純に「日本語を英語に置き換える」だけではだめで、**思考回路そのものを英語に寄せていくことが重要だ**ということがおわかりいただけたと思います。

　今回は「理由を考える」ことの重要性についてお話ししましたが、これだけだとただの「異文化トリビア」のように見えるかもしれません。

　しかし、英語にとって**「理由・原因を重要視する」**という考えは、ただの異文化トリビアを超えて、**英文法と英語表現の奥深くに構造化して存在するもの**です。そのことが**「英語らしい表現」**の至る所で顔を出します。どうすればあなたの英語はもっと英語らしくなるのか。本章ではこのことについて詳しく掘り下げていきます。

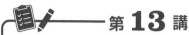

── 第 **13** 講 ──
英語は「原因」が好き・
日本語は「不可抗力」が好き

ここで扱う表現

- The cup broke. :「カップが割れた。」
- James broke the cup. :「James がカップを割った。」

　第1章第1講の「事態の捉え方の癖」で「英語は他動詞が優勢」、「日本語は自動詞が優勢」ということに、ほんの少しだけですが触れました。今回は、この事実が英語話者と日本語話者のそれぞれの思考に、どんな影響を与えているのかを詳しく論じます。

　その前に、自動詞と他動詞という文法用語が皆さんを悩ませるかもしれません。わかりやすく噛み砕いてみましょう。

▶ 自動詞とは・他動詞とは

　日本語で「風呂が沸く」というのと「風呂を沸かす」というのでは、どちらが「ひとりでにお湯が温まっている」感じがするでしょうか。そして、どちらが「人が風呂に働きかけている」感じがするでしょうか。

　おわかりの通り、「風呂が沸く」の方は「ひとりでに

お湯が温まっている」感じがします。こうした、**「自分がひとりでにそうなる」**という感覚を表す動詞を**自動詞**と呼びます。一方で「風呂を沸かす」の方は「人が風呂に働きかけている」感じがします。こうした**「他者に働きかける」**感覚を表す動詞を**他動詞**と呼びます。

　一般的に、英語の授業では「目的語がないから自動詞」「目的語があるから他動詞」と教わることが多いのですが、ピンと来ないですよね。

　目的語の有無よりも、**動詞の「力の方向」**を考えた方が、楽に理解できるはずです。

　他者に働きかける動きが他動詞で、自分がひとりでにそうなる動きが自動詞です。目的語は「働きかけを受ける『他者』」のことです。「風呂を沸かす」なら、人から「沸かす」という働きかけを受ける「風呂」が他者であり、これが目的語にあたります。

　自動詞はひとりでにそうなることを表し、他者に働きかけるわけではないので、当然、働きかけを受ける「他者」は存在しません。つまり自動詞の文に目的語があっては気持ち悪いのです。このあたりは後で実際に英文を見ながら確認していきましょう。

　現実には、誰かが風呂を沸かそうとしてスイッチを入れ、結果として風呂が沸くという、他動詞と自動詞が入り混じった事実がひとつあるだけなのですが、それを人は「お風呂を沸かしておいたよ」と表現したり、「お風呂が沸いたよ」と表現することで、**「一つの事態をどの角度**

から見ているのか」が表されています。

　言語で何かを表現するという行為は「事実を表す」というよりは、「人が事実をどの角度から見ているのか」を表す行為です。

▶ 結果に注目するか、原因に注目するか

　自動詞と他動詞の重要な特徴は、「自動詞は結果に注目し、他動詞は原因に注目する」というものです。例えば The cup broke.（カップが割れた。）は自動詞の文です。

　The cup broke⟵．「カップが割れた。」
　　主語　　　動詞

　この表現だと「カップが勝手に割れた」感じがします。主語である the cup から出た「割れる」という力が自分自身（**the cup**）に働きかけて、その結果、「カップが割れた」ことを表すからです。自動詞の「自分がひとりでにそうなる」という性質は、「自分から出た力が自分自身に働きかける」ということでもあります。そして**自動詞の文であるこの文は、「カップが割れた」という「結果」に注目している文です。**

　一方で、例えば James broke the cup.（James がカップを割った。）というのは他動詞の文です。

James broke **the cup** .「James がカップを割った。」

主語 　　動詞 　　目的語

　主語 **James** から出る「割る」という力が **the cup** に
ぶつかり、その結果、カップが割れたことを表します。
the cup は「割る」という動詞の力がぶつかる対象、つ
まり「目的語」です。そして、他動詞の文であるこの文
は、

James broke the cup.

原因 　　　　結果

というふうに「**James** のせいでカップが割れた」とい
う、**原因と結果による「因果関係」に注目している文だ**
ということがわかります。

▶**「他動詞重視」が英語脳の大前提**

　言語によって自動詞がよく使われるのか、それとも他
動詞がよく使われるのか、の傾向に違いがあります。

　日本語は自動詞が優勢な言語だと言われ、英語を含む
ヨーロッパ諸語は、他動詞が優勢な言語だと言われま
す。

　英語の世界では他動詞がデフォルトであり、自動詞が
その派生であることは、その名前を考えるとよくわかり
ます。

英語で「他動詞」は transitive verbs です。transitive は元々「運ぶ・伝える」を意味する言葉から生まれています。主語から出た力を他者（目的語）にぶつける動きということです。

　そして「自動詞」は intransitive verbs と呼ばれます。intransitive の in は否定を意味し「transitive ではない」を意味する言葉です。つまり、transitive が元々であり、intransitive はその派生語です。ここからも英語の動詞の基本は他動詞だということがわかります。

▶ 主役が違うから、論理の組み立て方も違ってくる

　英語が他動詞優勢の言語であるということ、これが何を意味するか、ですが、すでに述べた通り、他動詞の主語というのは「原因」を表すことが多いですから、**英語では「原因」を主語にする文が多くなります。**つまり**原因を情報の主役と考えている**わけです。

　例えば日本語で「台風のせいで電車が遅れた」と言えば、主語、つまり主役の情報は「電車」です。電車が遅れた原因である「台風のせいで」は文法的には修飾語である副詞です。

　しかし、英語では（つまり「英語脳」の発想では）、

The typhoon delayed trains for an hour.
（その台風が電車を 1 時間遅らせた。）

という言い方が普通で、原因である the typhoon が主語、つまり情報の主役になります。ちなみに delay は他動詞で、「遅れる」ではなく「（原因が）〜を遅らせる」です。感情を表す動詞、例えば surprise が「驚く」ではなく「驚かせる」という意味になるのも、元々は surprise が「原因＋ surprise ＋人」（原因が人を驚かせる）という構文をとる他動詞だからです。

　主語は話の主役で、当然、最も「際立つ」情報なわけですが、他動詞が優勢な英語の世界では、**「原因が主役」**という思考回路ができているのです。

　第1章で解説した『千と千尋の神隠し』の英語版が因果関係の説明に重点を置いているのも、こういう思考回路が隠れた原因になっていますし、前講で触れたように、英語話者が相手に why を使って「理由・原因」を尋ねる癖があるというのも同じ構造です。

　一方で、自動詞が優勢な日本語ですが、自動詞の文は原因より**結果を重視する文**です。つまり「誰がカップを割ったのか」には触れず、「カップが割れた」という結果にのみ触れるわけです。このような文を駆使すれば、出来事の結果だけが表され、出来事の原因、ひいては責任も消えてしまう、ということが起こり得ます。これに関して池上嘉彦氏がよく出す例が、

「私たち、結婚することになりました。」

ですが、「なる」という動詞は日本語の中の、究極の自動詞とでも言えるもので、「なるようになる」という言い方でわかる通り、

「ひとりでにそうなってしまう」
「我々が働きかけてコントロールできるものではない」
「不可抗力で出来事が起きる」

ことを表す動詞です。

　実際には私たちの意思が原因で結婚「する」のに、まるで「なりゆき」でそうなったかのように「結婚することに『なり』ました」と言ってしまう。これが日本語話者の持つ、（おそらく無意識のうちに）原因に触れないようにする、心情です。

　原因を主役にする英語と、結果を主役にしてしまう日本語とでは、論理の組み立て方も当然違ってくるわけです。

　自分の頭を「英語脳」モードにすることを考えるとき、我々は英語話者が「原因」とどう向き合って言葉を紡いでいるのかを知っておく必要があります。

　次講では、無生物主語構文という、日本語話者にとってなじみにくい構文を例に、英語話者の発想を分析していきます。

―― 第 **14** 講 ――
英語脳が生み出す
「無生物主語構文」という発想

ここで扱う表現

- 原因 enable 人 to 不定詞:「原因のおかげで人が〜できる」
- 原因 allow 人 to 不定詞:「原因のおかげで人が〜できる」
- 原因 encourage 人 to 不定詞:「原因のせいで人が〜しようとする」
- 原因 cause 人 to 不定詞:「原因のせいで人が〜してしまう」

▶ What makes you think that?:
無生物主語構文とは

　日本語というのは「人（あるいは人を含む、生き物）」を主語にすることが多い言語です。もちろん、そもそも人類の言語というのは程度の差はあれ、この傾向が強いです。これは「人間（＋生き物）を中心に世界を見る目線の表れ」から来ているのですが、日本語は英語に比べてこの傾向が強くあります。

　例えば日本語では、

「**なぜあなたはそう思うのですか？**」

という言い方はごく普通ですが、

　「何があなたにそう思わせるのですか？」

という言い方は、間違ってはいないにせよ、あまり一般的とは言えません。我々日本語話者にとって、とっさに出てくる表現は明らかに前者でしょう。日本語では原因である「何が」を主語にするよりも、人間である「あなたは」を主語にする方が自然だと感じるのです。

　一方で、英語を含むヨーロッパの言語は、**人でも生き物でもなんでもない「原因・理由」を主語にする**ことがよくあります。

　もちろん英語でも、

Why do you think that?
「なぜあなたはそう思うのですか？」（126件）

と言えますが、一方で、

What makes you think that?
「何があなたにそう思わせるのですか？」（154件）

という言い方も、とても自然です（括弧内の数字はコーパスでの検索のヒット件数を表す）。

　後者の場合、主語は what、つまり「（あなたにそう思わせる）原因」です。コーパスでのヒット件数でわかる通り、**Why do you think that？** よりも **What makes you** think that? の方がより多く使われているのですが、英語で後者の表現がより好まれる理由（英語の丁寧表現の根幹に関わっています）については、後に第15講で詳述します。

▶ 無生物主語構文：主語は実は「原因」

繰り返しますが、英語は他動詞が優勢な言語です。そして、他動詞は必然的に原因を主語にする構文を作ります。だから、

What makes you think that?

原因　　　　　　結果

「何があなたにそう思わせるのですか？」

You make me happy. 「あなたが私を嬉しくさせる」

原因　　　　結果

といったような、日本語話者にとってはあまり一般的ではない言い方も、他動詞優勢言語である英語ではごく自然に発生するのだ、と言えるでしょう。

そしてこれを極端に発達させたのが「**無生物主語構文**」です。無生物主語というのは文字通りに考えれば「生き物でないものが主語」ということですが、実際には「**原因」が主語となっている場合がほとんど**です。対する日本語は生き物を主語にすることを重視する言語で

す。したがって、原因を取り扱う構文でも、人間を主語にするのが普通です。

以下の例で、英文と日本語文の主語を比較してみてください。下線部が主語になります。

英語：**Some wine will make you feel better.**
（直訳：いくらかのワインがあなたの気分を良くするでしょう。）
日本語：「少しワインを飲めば、（あなたは）気分も落ち着くでしょう。」

英語：**This bus will take you to the station.**
（直訳：このバスはあなたを駅に連れていくでしょう。）
日本語：「このバスに乗れば、（あなたは）駅に着きますよ。」

英語：**A knee injury forced him to have surgery.**
（直訳：膝の怪我が彼に手術を受けることを強制した。）
日本語：「膝の怪我のせいで彼は手術を受けなければならなかった。」

こうした例でわかる通り、「**原因が人に何かをさせる**」という発想は、まさに「**英語脳（正確には欧州語脳）**」モードの発想です。

比喩的に言えば、「英語脳」は「原因が他者に働きか

けることで、出来事が起きるんだ」という見方で世界を見ています。まるで**ビリヤードのような、とあるボールが別のボールにぶつかることで何かが起きる、という世界観**です。

　一方、自動詞が優勢な日本語では「何かが起きる（でも、なぜ起きたのかの原因にはあまり注意が向かない）」という発想が多くなります。まるで何もないところに、**ある時突然、何かがボンッと出現する**、という世界観です（＝「起きる・なる」の世界観）。こういった世界観の違いも日本語話者が「因果関係を述べる」ことを苦手にする原因の1つではないかと私は考えています。

▶ because を使わずに「原因・理由」を述べる

　ビジネスを始めとする「大人の世界での言語のやりとり」では、人に意見を述べて、そして納得してもらうことが重要になります。

　その時に不可欠なのが「自分がなぜそう思うのかの理由」、別の言い方をすれば「自分が観察する出来事の、因果関係の分析」を述べることです。

　ちなみに大学受験の自由英作文や、英検や TOEFL などの英語の資格試験でのエッセイライティングの問題設定も必ず、「あなたはどちらに賛成か。そして**その理由はなぜかを説明せよ**」というような形になりますが、これらは「大人の意見のやりとりの原則とはこういうもの

なのだ」という宣言だと考えて良いです。

　英語での因果関係は、日本語と同じように「こうするべきです。なぜならこうだからです。」という形でも説明できます。典型的には because を使う文ですね。

　しかし、原因を主語にした他動詞構文を使えば、よりスマートに因果関係を説明できます。1つの文の中に原因と結果の両方をスマートに収納し、しかも文の主役の情報である**主語に「原因」をおくことで、「原因」を際立たせ、因果関係の説明を明確にする**ことができます。

　本講ではこのような表現にぴったりの動詞を使った4つの構文を紹介します。どんな英文でもそうですが、動詞という単語だけを覚えても意味がありません。構文の形で「文を作る型」を覚えておかないと英文は実際には作れません。是非、構文の形を覚えてください。

▶ 原因＋ enable ＋人 to 不定詞〜：「原因のおかげで人が〜できる」

The money from his parents → **enabled** **Dave to**
　　彼の両親からのそのお金　　　　　　可能にした

buy the house.
　その家を買う　　　　　　　　　何をすることに向かって？

　「両親からのお金のおかげで Dave はその家を買うことができた。」

（直訳：両親からのお金が Dave にその家を買うことを可能にした。）

▶ 原因＋ allow ＋人 to 不定詞〜：
「原因のおかげで人が〜できる」

　allow は「許可」のイメージを持ちます。同じ「できる」でも enable は「心の底から願ったことが、なんとか実現する」という感じがしますが、allow は「こういう原因があれば、必然的に〜できるよね」という話をします。「原因」が、何かを実現「させてあげる」感じです。

Social media allows **us** to **express our opinions**
　　　SNSは　　させてくれる　　　　自分の意見を自由に表現する
freely.　　　　　　　　　　　　　　　何することに向かって？

　「SNS のおかげで私たちは自由に意見を述べることができる。」
　（直訳：SNS が私たちに自由に意見を表すことをさせてくれる。）

▶ 原因＋ encourage ＋人 to 不定詞〜：
「原因のせいで人は〜する気になる」

　encourage は「勇気づける」と訳されることもありますが、実際には「後押しする」「奨励する」という意味のほうが強いです。この構文では「（原因）が後押しす

ることで、人が〜する気になる」ということを表します。

This will encourage the industry to develop new
これが　後押しするだろう　　　その業界を　　　新しい市場を
markets.
開発する
何することに向かって？

「このおかげで、その業界は新しい市場を開発しようと
するだろう。」
（直訳：このことが、新しい市場を開発することに向か
って、その業界を後押しするだろう。）

▶ 原因＋ cause＋ 人 to 不定詞〜：
「原因のせいで人が〜するはめになる」

　必ずそうだ、というわけではありませんが、傾向とし
て、**cause** は「悪いことを引き起こす」というイメージ
でよく使われます。

Her decision caused us to decrease the quality of our
その決定は　　引き起こした　　　我々の製品の質を低下させる
products.
何することに向かって？

「彼女の決定のせいで、我々は製品の品質を低下させて
しまった。」
（直訳：彼女の決定が、我々に製品の品質を低下させる
ことを引き起こした。）

これらの4つの表現は、1つの文でコンパクトに因果関係を詰め込むことができる便利でスマートな表現です。無駄がなく引き締まった表現は説得力も呼び起こしてくれます。ぜひ何度も使って、自分のものにしてください。

　さて次講では、こうした「原因を主語にする文」が、聞き手に対して「失礼になりにくい」効果を発揮することがある、というお話をします。いったいなぜそのような効果が現れるのでしょうか。

第 **15** 講
失礼にならないように
「原因や状況」のせいにしちゃおう

ここで扱う表現

・ Why do you think that? と What makes you think that? の違い

・ What 〜 for?:「なんのために〜するのか？」

▶ **Why do you think 〜 ? は喧嘩腰に聞こえる？**

　他動詞構文は原因を主語にすることが普通です。ですから、例えば He broke the window.「彼が窓を割ったんだ。」とか、You made me do this.「お前が私にこうさせたんだろ。」のように、人を責める時に使うことがよくあります。けれども面白いことに、他動詞構文を使って「原因のせい」にすることで、結果的に丁寧な表現になることがあります。

　読者の皆さんは、「なぜあなたはそう思うの？」と英語で言うときに、

Why do you think that?
What makes you think that?

のどちらが丁寧、あるいは「喧嘩腰に聞こえない」と思

いますか？　そしてなぜそうなると思いますか？

Why do you think that? は文字通り「なぜあなたはそう思うの？」ということです。そして **What makes you think that?** は直訳すると「何があなたにそう思わせるの？」です（もっと直訳すると、「何が『**あなたがそれを考える**』という形をつくるの？」です）。

日本語でもそうですが「なんでなの？」という言い方は、単に理由を尋ねるだけでなく、相手を責める時にもよく使われます。英語の **why** にもそのニュアンスがあります。ですから、**Why do you think that?** は場合によっては喧嘩腰に聞こえる恐れがあります。

けれども **What makes you think that?** にはその響きがありません。なぜでしょうか？

そもそも **Why do you think that?** が喧嘩腰に聞こえるとすれば、それは「あなたがなぜそう考えるのか、あなたの意思・意図を聞きたい」と聞こえるからです。「どういうつもりなのか」とその**意思を責めているように聞こえる**からです。後の講でまた触れることになりますが、「**相手の意思に立ち入る表現**」は、相手の意図を否定するように聞こえる恐れがある表現で、英語の世界ではリスクを伴うものと考えられています。下手をすると、相手を怒らせる可能性があります。

一方で **What makes you think that?** ですが、どんな原因があなたにそれを「考えさせた」のか、を尋ねている表現です。ですから、「あなたは、原因のせいでそう考

えただけであって、そこにあなたの意思は働いていない」、あるいは「原因のせいで仕方がなくそう考えた」とさえ解釈できます。このように、**What makes you think that?** は相手の意思に立ち入らない質問のやり方なので、「安全」です。

　私が学生時代、初めてこの表現を習った時には「ああ、英語ってそういう変わった言い方もあるのね」ぐらいにしか思わなかったものですが、実際には、このような繊細な気遣いを表すことができる言い回しなのです。

　お互いが気の置けない間柄なら **why** の文だけでも十分に会話は機能するのですが、初対面の人同士や、フォーマルな面接など、相手に対して「気を遣う」ことが多くなる場面では **What makes you ～?** がよく使われる傾向にあります。

▶ what makes を使いこなす

　コーパスで検索すると、**what makes you** の後に来るのは **think** が2510件で、2位の **so**（**What makes you so sure?** など：後述）が461件であることを考えると、その差は圧倒的で、**What makes you think ～?** は一種の決まり文句になっていることがわかります。

　What makes you think の後ろに来るのは「**I** ＋動詞 ～」という形をとった、「私が～するなんて、何があなたにそう思わせるの？」という表現が1位です。実際の使用例をいくつかご紹介します。

What makes you think I know anything about it?
「私がそれについて何か知っているって、何でそう思うの？」

What makes you think I would help you?
「私があなたを（あの時）助けるつもりだっただろうって、何でそう思うの？」

　いずれも **Why do you think I ～?** なら、場合によっては「何で私が～したなんて思うの！　そんなわけないでしょ」という感じにもなりかねないですが（もちろん言い方次第です）、**What makes you think I ～?** なら純粋に「そう考える理由」だけを尋ねている感じ、あるいはそういう体裁をとることができます。相手に図星なことを言われて、冷静なフリを装う時にも、こういう言い回しが出てきたりします。

　what makes you の後に来る言葉の第2位は so ですが、これは多くの場合 **What makes you so sure?**（何があなたをそんなに確信させるの？）という形をとります。1つの決まり文句として、丸ごと口から出るように練習することをお勧めします。これも実際の使用例をいくつかご紹介しましょう。

What makes you so sure?
「何でそんなにはっきり言い切れるの？」

（直訳：何があなたをそんなに確信させるのか？）

sure の後ろに「主語＋動詞〜」の形をつけて、「確信している内容」を付け加えることができます。本来はsure と「主語＋動詞〜」の間に接続詞の that があるのですが、特に口語では省略されるのが普通です。

What makes you so sure（that）this man is still alive?
「この男がまだ生きているって、何でそう言い切れるの？」

Why are you so sure? なら、場合によっては「何を自信満々に言ってるの？ そんなわけないでしょう?!」という感じが出やすくなるでしょう。

日本語でもそうですが、どのような関係の人と、どんな場面でその表現を使うかによって、同じ表現でもニュアンスは変わってきます。why を使うから何でも喧嘩腰に聞こえるわけでは、もちろんありません。what makes を使うとかえって皮肉に聞こえる場合もあります。

しかし、そのような感じが生まれる原因が「意思に立ち入る」why と「状況・原因のせいに徹する」what makes にあるのだ、ということを知っておけば状況に応じた直感的な応用はやりやすくなってきます。

▶ What ～ for?:「目的」にフォーカス

　ここで、読者の皆さんの中には、**why** に似たもう1つの表現である、**What ～ for?**（何のために？）はどうなんだ、と思った方もいらっしゃるのではないでしょうか。

What do you need me for?
「あなたは何で私が必要なの？」
（直訳：あなたは何のために私が必要なのか）

　一見するとわかりにくい語順の構文ですが、元々**Do you need me for what?** の what が文頭に出てきたものだと考えてもらえばよいです。元々が **for what**（何のために）ですから、この文は純粋に「目的」を尋ねる文です。上の文は **Why do you need me?** と言い換えることができます。

　しかし、**why** と **what for** は、はっきりと意味が異なる場合もあります。なぜなら **why** は「理由や原因」と「目的」の、両方を問うことができますが、**what ～ for** は「目的」しか問うことができないからです。「理由・原因」と「目的」の違いは以下の例文を見ればわかると思います。

○ **"Why does the sun rise in the east?"**
「なぜ太陽は東から昇るのか。」（**理由・原因**）

？ "What does the sun rise in the east for?"
「太陽は何のために東から昇るのか。」（目的）

　「なぜ太陽は東から昇るのか」と言われれば、それは反時計回り、つまり東方向に地球が自転しているので、太陽が東から昇っているように見えるからだ、と説明できます。これが「理由」です。しかし、「太陽は何のために東から昇るのか」と言われても答えようがありません。太陽が「目的」を持って東から昇るわけではないからです。

　What makes 〜? とは違い、What 〜 for? には「失礼を避ける」働きはありません。「理由を状況のせい」にしてしまう What makes 〜? とは違い、「目的」を尋ねるのが What 〜 for? であり、「状況のせいにする」という働きがないからだと考えられます。

　というわけでまとめてみましょう。Why 〜? は万能で意思・意図・理由・目的など何でも尋ねることができますが、時に人を詰問する響きを出す恐れもあります。What makes 〜? は「どのような状況がそうさせるのか」ということで、相手の意思を責める響きを回避し、純粋に原因にフォーカスして質問をする働きがあります。What for 〜? は行動の目的を尋ねることにフォーカスする表現です。

第 **16** 講
can は
「状況のせいにしてしまう」言葉

- You can go now. :「もう行って良いですよ。」
- Don't go. と You can't go. の違い
- May I 〜? と Can I 〜? の違い

▶ 意思の押し付けを避ける「軽い命令」という用法

can という助動詞があります。

ご存知の通り、その意味は「〜することができる」なのですが、同じ「できる」でも、個人の能力としての「できる」と、状況が許すから「できる」という場合の 2 種類があることに注意しましょう。

You can play chess, can't you?
「あなた、チェスはできるんでしょう？」（個人の能力）
Adam, can we talk now?
「Adam、今話せる？」（状況的に可能）

後者の「状況的に可能」という意味の can は英語話者にとってとても使い勝手の良いものです。例えば can には「軽い命令」という用法があります。

You can go now.「もう行っていいですよ。」

これは「状況的に可能だから、あなたは行っていいよ。だから行きなさい。」ということです。これを命令文の **Go now.**（もう行きなさい）と比べた時、**You can go now.** の方がやわらかく聞こえることは、みなさんおわかりだと思います。

しかし、なぜ「柔らかく聞こえる」のでしょうか。

命令文が伝えるものは **「話し手の意思・願望」** です。つまり **Go now.** では話し手の「行ってほしい」という意思・願望を聞き手に押し付けるということを意味します。

ところが **You can go now.** では「状況的に可能だから、あなたは行って良いよ。行きなさい。」ということなので、話し手の意思の押し付けは発生しません。**単に状況のせいなのです。** これは禁止を表す場合でも同じです。

映画『千と千尋の神隠し』で、主人公である千尋の両親が食堂の食べ物にガツガツと食らいつくシーンがあります。日本語版ではそれを見た千尋が両親に、

「お父さん！ お母さん！」

と言って制するのですが、英語版では

Come on, you guys you <u>can't</u>!

と言っています。仮にここで千尋が、

<u>Don't</u> do that!

と言っていればそれは千尋の願望を聞き手に押し付けようとしていることを表します。「食べてほしくない。だから食べないで！」という感じです。

　しかし **you can't!** では状況的に許されないこと、つまり「食べてはいけないというルール」があるから食べることができない、ということを千尋が主張していることになります。このセリフによって、英語版では「ここで許可も得ず食べ物を食べるのは、『状況的に』常識やマナーに反する。だから食べてはいけない」と千尋が考えていることがわかります。

　例えば立ち去ろうとする恋人に「（行ってほしくないから）行かないで！」という時は「願望」を伝える命令文 **Don't go.** がふさわしいでしょう。一方で、まだ用事が終わっていないとか、まだやってもらうことが残っているとかいった時には、「状況的に不可能」を意味する **You can't go.（行ってはいけないんだよ）** がしっくりときます。

　前講で述べた通り**「相手の意思に立ち入らないようにする」**のが、英語脳が考える**「丁寧さ」**です。すると自

分の意思を相手に押し付ける命令文はキツく聞こえ、状況のせいにしてしまう can't はやわらかく聞こえるわけです。

▶ you may を使うには注意が必要

may と can を比べてみましょう。

may は「〜してよい」という意味と、「〜かもしれない」という意味があります。ここでは「〜してよい」という意味に絞って解説します。

「〜してよい」の may の使い方には、注意が必要です。「上下関係」を強く意識させる言葉だからです。may は語源的に「力がある・できる」ということを意味し、現代英語では「相手に対し許可できるだけの権力を持っている」ということを含意します。「上に立っている」わけです。

You may 〜. という言い方は「あ、どうぞ、どうぞ、いいですよ」というような優しい意味での「〜してよい」ではなく、法廷なら判事が法廷に立つ人たちに対して、教室なら教師が生徒に対して、家庭なら親が子供に対して「やってよろしい」と許可するシチュエーションで使います。

例えば大統領が将軍から事情の説明を受けて、ひと通り聞き終わった後、

OK, General, thank you very much. You may go.

「わかった、将軍。ありがとう。もう行ってもらって結構だ。」

という感じで使います。

　この上下関係を逆手にとって、**May I 〜?** なら自分がへりくだっていることを表すことができます。**May I 〜?** は、私はあなたに許可を得る必要がある、という人間関係を前提に使う表現であり、「私はあなたに許可をいただいてよろしいでしょうか」ということを表します。かといって卑屈な響きはなく、**実際にはとてもフォーマルな響きを出します。**

　May I ask you a question?
　「1つ質問させていただいてもよろしいでしょうか。」
　May I have your name, please?
　「お名前を頂戴してよろしいでしょうか。」

　このように **May I 〜?** はビジネスなど公の人間関係ではとても役に立つ表現ですが、**May I 〜?** と尋ねられて、うっかり反射的に "Yes, you may." と答えてしまうと尊大な印象を与えてしまうので注意が必要です。

　一方で may とは違い、上下関係を感じさせたくない時に使うのが can です。**You can〜.** なら「状況的に可能だから、あなたはやって良いですよ」ということを表します。**You may 〜.** のように「やってよろしい」という感

じはありません。

Can I ～? なら「私が～するのは状況的に可能でしょうか」ということになるので人間の上下関係が言葉に出て来ません。「私はあなたに許可をいただく、下の立場の人間です」ということを意味する May I ～? とはイメージが異なります。

以下の会話例は「状況的に可能か？」という Can I ～? と、「状況的に構いませんよ」という you can の例です。

"Can I ask you a question?" "Of course you can."
「一つ質問しても大丈夫ですか？」「もちろんですよ。」

▶ 英語における「丁寧さの原理」

ここで、英語の世界の「丁寧表現」の原理の１つを指摘しておきます。

英語のマインドセットでは、「意思に立ち入る」「意思のぶつかり合い」「上下関係の成立」を避けるために「状況＝原因」を上手く使う、という原理があります。

前講でお話しした What makes you think that? の what は「状況」を意味し、これを文の主役である主語にすることで「相手の意思」に立ち入ることを避け、「状況のせい」にすることで結果的に相手を責めることを避けた、丁寧な言い方になると説明しました。

You can go now. と You may go now. の比較でわかる

通り、can の持つ「状況的に可能」という意味を利用することで、may の表すような「上下関係」を避けてものを言うことができます。

　このように「状況」をうまく利用することで英語は「あなたはどういう意図でそんなことを言うの？」という詰問口調や、「私がやって良いと許可するのだからやれ」という「上からものを言う」言い方を避けているわけです。

　can と what makes という、全く異なる表現でありながら、それを使う心理的な原理は同じで、「相手の意思に立ち入らない」「状況のせいにする」という考え方は一貫しているのです。英語脳の考え方としてとても大事なことだと言えるでしょう。

　この原理を使った表現の対立として、次講では must 対 have to を見ていきましょう。いずれも理解すれば、英語を話したり書いたりするときに、繊細な使い分けを直感的にできるようになります。

第 **17** 講
英語話者はなぜmustより
have toをよく使うのか

ここで扱う表現

- You must do it. と You have to do it. の違い
- must not と not have to の違い
- 「するべきだ」の should と「するはずだ」の should
- be supposed to do：「～することになっている」

▶ 意思と願望の押し付けの must と
状況を抱える have to

　must という助動詞は「～しなければいけない」という意味と、「～にちがいない」という意味を持ちます。一見すると両者には共通点はないように思えますが、must の根っこの意味は「絶対」であり、そこから「絶対にしないといけないよ」という意味と「絶対そうだよ、そうにちがいないよ」という意味が生まれます。

I must finish this by five.
「私は 5 時までにこれを終わらせないといけない。」
There must be something wrong with the data.
「データに何かおかしいところがあるに違いありませ

ん。」

　mustの書き換えとして学習する言葉に have to とい
う言葉があります。must も have to も「〜しなければい
けない」という意味で使われますが、両者の意味には微
妙な差があります。

You must do it.「君はそれをしないといけないよ。」

なら、命令文と同じく「話し手の意思・願望の押し付
け」、つまり「いいね、絶対やるんだぞ、わかったね。」
という感じです。「私の言いつけを守りなさい！」とい
う感じですね。
　一方で、

You have to do it.「君はそれをしないといけないよ。」

では「あなたは、それをすることに向かう（＝ to do it）
状況を抱えている（＝ have）のだから、やらないとしょ
うがないでしょう」というニュアンスが出てきます。
　主語を1人称にして考えてみましょう。家電量販店
に来ていて、目の前に最新型のパソコンがあります。

I must buy this!

なら、「絶対買いたい！」という**話し手の願望**があって、その上での「これ、絶対買わなきゃ！」という**強い意思**が現れた表現になります。一方で

I have to buy this.

なら、欲しいかどうかは別として、仕事で必要だという「**状況を have している**」ので、「これ、買わないとしょうがないんだ」という感じが出ます。

　こうして見ると、**have to** にも can と同様「状況のせい」という感覚があることがわかります。前講で述べた「命令文 対 can」も、今回の「must 対 have to」にも同じ原理が働いていることは、英語話者の世界の捉え方を表すものとして、とても興味深いことです。

▶ 否定文にするとより明確になる違い

　must と have to の違いは否定文にするとより明確になります。must not は、「絶対に not だからね」という「**禁止**」の意味になります。ここにも「言いつけを守りなさい！」という願望や意思の押し付けが働いています。

　一方で、not have to は「やることに向かう状況は抱えていない (= not have)」ということなので、「**～する必要はない**」という「**義務からの解放**」の意味になります。

You <u>must not</u> go there alone.

「君はそこに1人で行ってはいけないからね。」

（命令＝話し手の意思・願望を聞き手に押し付ける）

I <u>must not</u> eat this donut.

「僕は絶対にこのドーナッツを食べちゃダメだ。」

（強い決意＝自分に自分の意思・願望を言い聞かせる）

You <u>don't have to</u> go there alone.

「君はそこに1人で<u>行かなくてもいいんだよ</u>。」

（義務からの解放）

「行ってはいけない」というのをもう少しやわらかく言いたければ、「状況的にできないので、行ってはいけないよ」という、

You <u>can't</u> go there alone.

を使えば良いです（前講参照）。意思や願望の押し付けを避け、状況のせいにすることができます。

　コーパスで検索すると、使い方にもよりますが、**have to** は **must** に比べて5倍から10倍、多く使われていることがわかります。自分の意思や願望を剥き出しにすることは対人関係で摩擦を生みやすくなります。その回避策として「状況のせい」にする表現は重宝されるの

です。

▶ その他の「状況」を利用する言い方：should と be supposed to

さて、英語話者にとって「状況」を利用する言い方は便利なものなのだ、という感覚がわかってきたと思います。そこで、**should** と **be supposed to** という、やはり「状況」を利用する言い回しをご紹介しましょう。

▶ should：「すべき」というよりは「した方が良いですよ」

should は「当然」という感覚を根っこに持つ助動詞で、そこから「**状況から言えば、当然やるべきだ、やった方が良い**」という意味と、「**状況から言えば、当然そうなるはず**」という意味が生まれます。「～すべき」と訳すように習うことが多い should ですが、実際には日本語の「～すべき」のようなキツさはなく、「した方が良い」という「**優しいアドバイス**」の感覚で使われる言葉です。

You should take the day off.
「君は休みを取った方が良いよ。」
He should be back by ten.
「彼は10時には戻ってきているはずだ。」

He should be back by ten. は「彼は10時までには帰っ
てくるべきだ。」と訳せるんじゃないかと思う方もいら
っしゃると思いますが、普通は「はずだ」の方が自然で
す。

　「べき」と「はず」のどちらで訳すのかという二者択
一で考えるのではなく、「君は休みを取るのが<u>当然</u>」「彼
は10時には戻るのが<u>当然</u>」というふうに、should には
「当然」という言葉を入れて考えてみて、文脈的にどち
らの訳を当てはめたら良いか考えることをお勧めします
（ちなみに「しないといけない」「～に違いない」という
訳し分けがある must には「絶対」という言葉を入れて
考えてみてください）。

　should は must のような「意思の押し付け」を避け、
「状況から考えて（～するのが当然だ）」というふうに状
況のせいにすることで対人関係の摩擦を避けることがで
きる、英語話者に好まれる表現です。

▶ 聞かない日はない be supposed to 動詞原形～

　should と同じく「当然するべき」「当然するはず」の
感覚を持つ表現が**「be supposed to 動詞原形～」**です。
私がアメリカの大学にいた１年間、１日としてこの表
現を聞かなかった日はありませんでした。それくらい会
話でよく使われます。

　suppose の語源は sup-（ = sub-「下」）＋ pose（ラテ
ン語の ponere「置く」より） = 「（それを）下に置く」

で、そこから「（それを）話の土台として考える」「〜という前提で考える」、つまり「そういうものとして考える」という意味になった言葉です。ですから **A is supposed to 動詞原形〜**は「Aは（動詞）するものとして考えられている」という根っこの意味を持ちます。

「be supposed to 動詞原形〜」の意味について、例えばロングマン現代英英辞典は「特に規則でそうなっているとか、責任者がそう言ったから、ということで何かをするべきだったり、するべきではなかったり、という時に使う」と述べています。自分の責任ではなく、他人や、状況のせいなのだ、という意味を表す表現であることがわかります。should に比べると、「そういうなりゆきだ」という感じが強く出ます。

What time are you supposed to meet him?
「あなたは何時に彼を迎えにいくことになっているの？」
（状況的にそういうなりゆき）

I'm supposed to keep this secret from them.
「このことは彼らには内緒にしなきゃいけないことになっているんだ。」
（自分の意思というよりは、誰かにそう約束させられたから秘密にしている、そういうなりゆきの上に自分がいる）

過去形で使われる時には後ろに **but** などの逆接が付いて、「する予定だったんだけれども、できなかった」という意味でも、よく使われます。

We <u>were supposed to</u> visit London this summer, but we couldn't because of the pandemic.
　「私たちはこの夏ロンドンを訪れるはずだったんだけど、コロナの流行のせいで、できなかったんだ。」

　上記の例文の were supposed to を were going to に変えても良いです。were supposed to なら「そうするものと、考えられていたんだ」、were going to なら「そういう予定のコース上を進んでいたんだ」というニュアンスです。

英語脳の「原因」マップ

英語脳は「原因」が好き

why（理由）を聞きたがる
Why do you like spicy food?
「なぜ辛い食べものが好きなの？」

「原因」を主語にする他動詞構文、
無生物主語の文をよく使う
James broke the cup.
「Jamesがカップを割った。」
This bus will take you to the station.
「（直訳）このバスがあなたを駅に連れて行くでしょう。」

無生物主語のおかげで
因果関係の説明が得意
Social media allows us to
express our opinions freely.
「（直訳）SNSが私たちに自分の意
見を自由に言わせてくれる。」

「原因のせい」にすることで、失礼にならないようにする
What makes you think that?
「（直訳）何があなたをそう考えさせるのですか。」
相手の意思・意図に立ち入る表現はリスキーな時も
Why do you think that?
「なぜあなたはそう思うのですか。」

意思や願望を相手に押し付けないようにするために、
「状況のせい（＝原因）」にする
You can go now.「（状況的に）あなたはもう行って良いですよ。」
You have to do it.「あなたは（状況的に）そうしないとしょうがない。」

第 4 章

英語脳が考える
「もうひとつの丁寧さ」

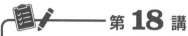

第 **18** 講
助動詞の持つ「意味」と
「力の用法」と「判断の用法」

▶「助動詞」の根源的意味を考えよう

この章では英語話者が助動詞を使って多くの丁寧表現を作ることを解説していきます。

英語学習者の皆さんにとって、**will** がどういう意味なのか、**can** がどういう意味を持つのか、**may** がどういう意味を持つのか、といった個別の助動詞の意味はなじみ深いものでしょう。

しかし、**そもそも「助動詞とは何なのか」**ということを考えたことがあるでしょうか。実はこのことがわかっていないために、多くの英語学習者が英語を話したり書いたりするときにうまく助動詞を使いこなせていません。

▶ ただの「助動詞」と「法助動詞」

will や can, may や must, should などは、助動詞というくくりで英語学習者の皆さんに親しまれています。

しかし実際に英文法の世界で「助動詞」と呼ばれるものはもう少し範囲が広く、一般動詞の疑問文や否定文で使う do, does, did、それから、現在完了の疑問文や否定文に使われる have や has, had、そして be 動詞の疑問

文や否定文に使われる **be** 動詞も広い意味で「助動詞」の扱いを受けます。疑問文で文頭に出したり、否定文で **not** をつけたりと、「動詞の補助を行う」役割で使われるからです。

　will や **can** や **may** など、我々が「助動詞」と習う言葉たちも疑問文では文頭に出てきて、否定文では **not** を付けるので、そういう意味では **do** や **have** と同じ「助動詞」の働きをします。しかし、これらの言葉たちは単に文法的に疑問文や否定文を作るだけでなく、重要な「意味」も表します。そのため、正確には **「法助動詞」** と呼ばれます。

▶「法」とは何か

　文法の世界での「法」というのは、その話が「事実の話」なのか「思っているだけの話なのか」によって動詞の活用の形を使い分けることを意味します。

　いわゆる普通の「現在形」「過去形」は実際にいつも起きていることや、実際に過去あの時に起きたことを表します。このように**現実の出来事を話すときの動詞の活用の形を「直説法」と呼びます。**

　一方で実際にはそういうことは起きてはいないのだけれど、**仮に起きたとすると、ということを話す時に使う動詞の活用の形を「仮定法」と呼びます。**

　大昔の英語には直説法とは別にきちんとした仮定法の動詞の活用の形があったのですが、今では廃(すた)れて、ただ

の過去形を使ったりします。

　また、命令文の動詞は原形をとりますが、これも「**命令法**」という一種の動詞活用です。命令も「今はまだ実現していないことをこれから行うように言う」行為なので、一種の「思っているだけの話」です。

▶「法助動詞」そのものが持つ意味を意識する

　will や can, may, must や should などの助動詞が正確には「法」助動詞と呼ばれているのは、これらの言葉が「**現実に起きている話ではなく、心の中で思っているだけの話・意見**」を表すために使われるからです。前述の仮定法や命令法に近い感じです。

　「今実際にはまだ起きていないこと」に対して、**will** なら「～になるだろうと思う」、**can** なら「できると思っている」、**may** なら「かもしれないと思う」、**must** なら「しなければならないと思う」、**should** なら「するべきだと思う」ということを表します。

　ですから逆に言えば、皆さんが英語を聞いたり話したりするとき、「現実・事実はこうだ」という話をする時には法助動詞は使いません。一方で「これは私がそう思っているだけで現実に起きている話ではないよ、私が思っている意見というだけのことなんだよ」ということが言いたいならば法助動詞を使います。

It rains a lot in June.「６月にはよく雨が降る。」

（実際にいつも起きている話）

It may rain tonight.「今夜は雨かもしれない。」

（思っているだけの話）

will や can といった個別の法助動詞の意味だけに注目するのではなく、**法助動詞全体に「思っていることを表す」という「意味」がある**ことに注意しておくことはとても大事です。ここが理解できているかどうかで、英語を話すときの助動詞の使用の正確さが随分と変わってきます。

▶「力の用法」と「判断の用法」

さて、法助動詞には大きく分けて2つの用法があります。私はこれを**「力の用法」と「判断の用法」**と呼んでいます。正式には「義務用法」（あるいは根源用法）と「認識用法」という名前があるのですが、理解しやすくするために私は便宜上「力の用法」「判断の用法」と呼んでいます。

法助動詞の「力の用法」と「判断の用法」

	力の用法	判断の用法
will	〜するつもりだ（意思）	〜なるだろう（予想）
can	〜できる（能力）	ありうる（可能性）
may	〜してよい（許可）	〜かもしれない（推量）

	力の用法	判断の用法
must	〜しなければならない （義務）	〜に違いない（断定）
should	〜するべきだ（義務）	〜のはずだ（予測）

　力の用法から見てみましょう。例えば will です。次の第19講で詳述しますが、will の基本的な意味は未来ではなく「〜するつもりだ」という「意思」の意味と、「〜なるだろう」という「予想」の意味です。意思に関しては「私は意志の力が強い・弱い」と言えることでわかる通り、「**力**」のイメージがあり、「〜なるだろう」というのは心の「**判断**」の働きです。

　また、can の「〜できる」という「能力」は文字通り「力を発揮すること」ですし、「ありうる」というのは可能性に対する「判断」です。

　may の「〜してよい」ですが、第16講で述べた通り「力のある人間」が出す許可です。「〜かもしれない」は「判断」ですね。must は「義務」という強制力、「断定」という判断、should の「〜するべきだ」もアドバイスという名の「力」を感じますし、「〜はず」は「判断」ですね。

▶「判断の用法」が重要

　助動詞の使い方でとくにややこしく、また重要なのは「判断の用法」です。例えば「判断の用法」の助動詞の

中には、形は過去形でも時間的な過去の意味を表さない使い方をするときがあります。would, could, might がそうです。

これらの「過去形」の助動詞が表しているものは「現実からの距離」です。

例えば日本語で「お前はいいやつだったな」と言えば、「今はいい奴じゃないのかよ！」とツッコミが入るでしょう。これは日本語の時間の感覚にも「過去＝現実ではない」という考え方があることを示しています。つまり「過去形＝現実から距離が離れている」です。

英語の場合は、法助動詞の「判断の用法」の過去形で、「現実から距離をとっている」感覚が強く現れます。

仮定法：「（実際にそうするわけではないが、仮にもしそうすれば）〜なるだろう（would）、〜なりうる（could）、〜なるかもしれない（might）」
I couldn't be better!「私、最高に調子が良いよ！」
（仮にこれ以上良くなろうと思ってもなりえないくらい、調子が良い）

丁寧な依頼：「距離を取る＝敬意」
How would you like your eggs?
「卵はどう料理いたしますか？」

控えめな意見表明：「距離を取る＝遠回しな言い方」

I think this <u>might</u> be a good place to start.
「始めるきっかけとして良いのではないかと思います。」

　法助動詞が持つ「自分が思っていること」「自分の意見」を表す機能は、特にこの「判断の用法」を通して、状況を判断したり、対人関係を判断したりするときに、大活躍します。

　この章では仮定法を使った「丁寧表現」にも触れていきますが、それを効率的に理解するためにも法助動詞がそもそも「自分が思っていること・意見を表す」ための言葉であるということを心に留めておいてください。

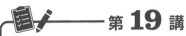

― 第 **19** 講 ―
まずは知っておこう、 「will の根っこ」は「未来」ではない

この項で扱う表現

- I'll get it! :「(電話が鳴って) 私がとります!」
- Oh, that will be Jane. :「(チャイムが鳴って) ああ Jane だろう。」

　前章から本章にかけて、英語脳が考える「丁寧さを表す表現」について考えています。

　次の第20講では「will ＋動詞原形」よりも「will ＋進行形」の方が丁寧な表現になる、ということを解説します。

　しかしその前に、まずは will が何を表そうとする言葉なのかを考える必要があります。なぜなら多くの場合、英語学習者が習う「will ＝未来」という考え方が正確だとは言えないからです。

▶ 未来だからといって必ず will を使うわけではない

　will という言葉を聞いて、多くの英語学習者は「未来を表す言葉だ」と考えます。一面を見れば、それは確かに間違ってはいないのですが、「どういうイメージで未

来を表すのか」ということになると、よくわからないという方が多いと思います。

　英語学習者の中には、「この文は今ではなく未来の話を表している。だから『機械的に』will を付けないといけない」と考える方がいらっしゃいます。そこにあるのは、動詞には過去形と同様「未来形」があり、それは「will ＋動詞原形」だ、という考え方です。

　しかし、**will** を使わなくても未来の話をしている文というのはよくあります。

It <u>may</u> rain tomorrow.「明日は雨かもしれない。」
You <u>should</u> go and see the doctor later.
「後で医者に見てもらった方がいい。」
You <u>must</u> come to my house in two hours.
「君は２時間後、私の家に来ないといけないよ。」

　このように、未来に起きる出来事に関して、**will** 以外の法助動詞を使うこともできます。さらにはみなさんよくご存知のように「時や条件を表す副詞節では、未来の出来事でも **will** を使わず現在形の動詞を使う」という「ルール（？）」もあります。

If it <u>rains</u> tomorrow, we will not go out.
「明日雨なら、私たちは外には行かないよ。」

未来だから単純に will を使えば良いというものではないことがわかります。ではどのような時に will を使うのでしょうか？　それには will が「どのような気持ち」を表そうとしているのかを知る必要があります。

▶「心がパタンと傾いて、決まる」ということ

　比喩的な言い方になりますが、何かを決心したり、判断する時、心というのは「揺れ」て、その後「パタンと傾いて」決心し、判断します。これが will の根っこの意味です。

▶ 意思「〜するつもりだ」

　例えば予定が急にキャンセルされて、「この後どうするの？」と問われたら、「どうしようかな」と心が揺れて、その後「よし、映画を観に行こう」と心が傾き、意思決定が行われます。これが「〜するつもりだ」という**「意思」を表す** will です。

"What are you going to do now?" "I'll go to the movies."

「これからどうするの？」「映画を観に行くよ。」

多くの場合（必ずというわけではありません）、主語が1人称（私・私たち）の時 will は「〜つもりだ」という意味になります。自分の意思は自分にしかわかりません。だから「自分」が主語の時、**will** の多くは「〜するつもりだ」という意味になります。

▶ 予想「〜だろう」

　未来のことに関して予想をする場合、「こんなふうになるかな、それともあんなふうになるかな」と心が揺れた後、これまでの経験に基づいて「こうなるだろうな」と心が傾き、判断が行われます。これが「〜だろう」という **「予想」を表す will** です。

　多くの場合（やはりこれも必ずというわけではありません）、主語が1人称以外（つまり自分以外）の時 **will** は「〜だろう」という意味になります。

"What time do you think the meeting will begin?" "I think it will start at 5:30."

　「会議は何時に始まる（だろう）と思う？」「5:30に始まる（だろう）と思うね。」

　他人の意思は自分にはわからないので、必然的に予想するしかなく、「〜だろうと思う＝予想」ということになるわけです。上記の例文では the meeting（あるいは the meeting を指す it）が主語ですが、「会議」に意思は

ありませんので、「会議は始まるつもりだ」とはならず、「会議は始まるだろう」という解釈になります。

▶「過去と現在」 vs. 「未来」

すでに挙げた例文で、**may** や **should** や **must** といった will 以外の法助動詞でも未来の出来事を表せることを示しました。英語には、動詞を活用させて「現在形」「過去形」という形はあるのに、「未来形」という動詞の形はありません。ここには理由がありそうです。

現在は「今ふだん、いつも起きていること」、過去は「過去あの時に、実際に起きたこと」、つまりどちらも「現実の出来事」ですが、**未来はまだ起きていない出来事**であり、心の中で推測するしかないことです。

このように「現在」「過去」 vs.「未来」は、「現実」 vs.「推測（心の中で思っているだけのこと）」というふうに対立するグループなのです。

前講で述べた通り、**will** だけでなく他の法助動詞も**「現実ではなく、心の中で思っていることを表す」**のが基本的な意味です。つまり will 以外の法助動詞でも「〜だと思う」ということを表すので、「推測の話＝未来の話」ができるのです。

will をもう一度見てみましょう。その根っこの意味は**「心が揺れて、パタンと傾き、心が決まる」**ということです。そこから「〜するつもりだ」という意思決定と、「〜だろう」という予想の意味が出てきます。

人は意思と予想を「これからどうするつもりか」「この先どうなるだろう」というふうに使うことが多いので、**結果的に will は未来の意味でよく使われます。**けれども以下に挙げるように、**will は未来ではない、現在の意思や予想を表すこともできます。**

【今現在の行動に関する意思決定】
　（電話が鳴って）
　I'll get it! 「私がとります！」（今何をするかの意思表明）

【今現在の状態に関する予想】
　（例えば４時に Jane が来ると知っていて、実際に４時ごろに玄関のチャイムが鳴って）
　Oh, that will be Jane.「ああ、Jane だろう。」（今誰がいるのかの予想）

▶**「時や条件を表す副詞節」と will**
　さて、「時や条件を表す副詞節では未来のことでも will を使わず現在形で表す」という「ルール」の謎解きです。will の本質が「未来」ではなく「意思と予想」だとわかると、**will を使わない理由もわかります。**

　If it rains tomorrow, we will not go out.
　「明日雨なら、私たちは外には行かないよ。」

同じ「明日」の話をしているのに、**if it rains** の方では will を使わず、**we will not go out** の方では will を使っています。なぜこんなことが起きるのでしょう。

　仮に **if it will rain tomorrow** としてみましょう。この will を「意思」だと考えてみると、「もし明日雨が降るつもりなら」となります。お天気に意思はないので不自然です。今度はこの will を「予想」だと考えてみましょう。will をはじめとする法助動詞は**「話し手が思っていること」**を表します。すると **if it will rain tomorrow** は「もし明日雨が降るだろうな、と話し手である私が予想したら」ということになります。しかし実際に言いたいことは「明日雨が降るという事態が発生したら」ということであり、「私が予想したら」ということではないのでやはり不自然です。

　というわけで、will を「未来」ではなく、「意思と予想」と考えると if 節に will を使うのが不自然だとわかります[*1]。一方で後半の **we will not go out** は「行くつもりはない」という意思を表しているので will を使うのが自然だとわかります。

▶ If 節に will を使っても自然である場合

　以下の例文では if 節に will を使っていますが自然な英文です。なぜだと思いますか?

If you will forgive me, I'll do my best from now on.

この文を訳すと「君に私を許してくれる<u>気があるな</u>ら、これから先私はベストを尽くします。」です。ここでは「（あなたの）意思」の話をしているので will を使うことは自然なのです。will を使わずに If you forgive me, ...とすれば「あなたが私を許すという事態が実際に発生すれば」という、ただの「条件の発生」という意味になります。どちらも自然な英文です。

　このように、「時や条件を表す副詞節では未来のことでも will を使わない」というルールは、**will の本質**が「未来」ではなく **「意思」** と **「予想」** だとわかってしまえば、特殊でもなんでもないことがわかります。

　さて、will の本質的な意味を理解していただいたところで、次講では will を使った、英語脳が考える「丁寧な言い方」の世界を探っていきます。

★1 ではなぜ現在形を使っているのか、ということですが、昔の英語では if 節の部分には仮定法現在という形の動詞が使われていました。「今はまだ起きていないけど、これからこうなれば」ということを表す動詞の形です。しかし現代英語では仮定法というのはかなり廃れた文法で、今の英語では仮定法現在が消えて、ただの現在形を使うようになっています。

第20講
「will＋動詞原形」よりも
「will＋進行形」の方が丁寧?

ここで扱う表現

- What will you be doing on Friday?：「金曜日は何をしていらっしゃるでしょうか?」
- remember ＋ to 不定詞：「〜する予定を覚えている」
- remember 〜ing：「〜したことを覚えている」
- imagine 〜ing：「〜しているところを想像する」
- Will you 〜? と Can you 〜? のどちらが丁寧か

前講では will が単に「未来」を表すのではなく「意思」と「予想」を表すのだということを説明しました。この知識に基づいて考えれば、同じことを述べるのでも「will＋動詞原形」を使うより、「will＋進行形」を使った方が「当たりがやわらかくなる」理由がわかります。以下の例文を見てください。

金曜日の予定を尋ねようとして……

❶ What will you do on Friday?
❷ What will you be doing on Friday?

どちらを使っても文法的には間違いではありません。しかし、❷を使う方がスマートであり、失礼になるリスクがなくなります。

　大坂なおみさんの実際のツイートより

Hey everyone, I <u>will</u> no longer <u>be working</u> together with Sacha. I thank him for his work and wish him all the best in the future.

　「みなさん、こんにちは。私はこの先 Sacha（コーチ）と一緒に仕事をすることはないでしょう。彼のこれまでの仕事に感謝し、彼のこれからに幸多からんことを願っています。」

　will no longer be working の代わりに will no longer work としても文法的には問題ありません。けれども will no longer be working の方が、当たりがやわらかくなります。

　このように「will＋動詞原形」よりも「will＋進行形」の方が表現として無難な場合があるわけなのですが、なぜこのようなことが起きるのか、おわかりになるでしょうか。

▶「意思」と「予想」のどちらの意味になるか

　この謎を解く鍵は2つです。

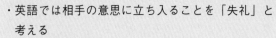

・will の基本的な意味は「意思」と「予想」
・英語では相手の意思に立ち入ることを「失礼」と
　考える

▶「will ＋動詞原形」が抱えるリスク

　まずは「will ＋動詞原形」という表現が抱える「リスク」について理解しておきましょう。

　❶の What will you do on Friday? の文では will を「予想」だと解釈すれば「あなたは金曜日、何をするのでしょうか？」となりますが、「意思」だと解釈すれば「あなたは金曜日、何をするつもりですか？」となります。

　どちらでも解釈可能なのですが、逆に言えば、「意思」だと解釈されるリスクが存在している、ということです。英語では相手の意思に立ち入るのは「失礼」に当たりますから、もしも「何をするつもりなのですか」と聞こえてしまったら、聞き手に「放っといてよ、そんなの私の勝手でしょ」と思われてしまうリスクがあります。

　大坂なおみ選手のツイートですが、仮に I will no longer work together ... と言ってしまうと、「この先一緒に働くつもりはありません」という「意思表明」にとられる可能性が高くなります。前講で述べた通り主語が 1 人称（私）の場合、will は「意思」の意味で解釈される可能性が特に高くなります。「働くつもりはありません」

という言い方は「あからさまな拒絶」に聞こえる可能性
があります。

　すると、そのリスクを回避するために、確実に **will**
を「予想」と解釈させる方法が必要になります。そのた
めに「**will ＋進行形**」という形をとるわけですが、**進行**
形とともに使うとなぜ will は「つもり」という意思では
なく、「だろう」という予想になるのでしょうか。

▶ 頭に浮かぶ映像は〜ing

　英語で〜ing の形は進行形や動名詞、分詞の形容詞用
法や分詞構文といった様々な場所で使われます。ただし
どこで使われようと、〜ing の根っこの意味はひとつ
で、それは「動作の途中」という意味です。

　例えば進行形で言えば、**I am making ramen.** なら「私
はラーメンを作っている最中、途中だ。」ということです
し、分詞の形容詞用法で **The man reading a book over**
there is my uncle. なら「向こうで本を読んでいる（最中
の）男の人は私の叔父です。」ということです。

　記憶を扱う **remember, forget** などの動詞の目的語に
to 不定詞が来る場合と、**〜ing**（＝動名詞）が来る場合
では、動詞の意味が異なります。

　例えば remember（覚えている）という動詞の目的語
に to 不定詞が来ると「これからの予定を覚えている」と
いう意味になります。これは to 不定詞に「これから〜
することに向かう」という意味があるからです。

Remember to lock the door.
「忘れずにドアに鍵をかけておいてね。」
（直訳：これからドアに鍵をかけることに向かって覚えておいて。）

一方で remember の目的語に〜ing が来ると「**過去に〜したことを覚えている**」という意味になります。記憶を思い出す時には、何かをしている最中の映像が頭に浮かぶからだと考えられます。試しに今朝家を出る時に、玄関の鍵を閉めたかどうか思い出してみてください。ドアに鍵をかけている最中の映像（記憶）が浮かぶはずです。

I remember locking the door.
「私は、ドアに鍵をかけたのを覚えているよ。」

imagine（想像する）という動詞の目的語には to 不定詞は使わず、〜ing を使います。これも「**想像する＝何かをしている最中の映像を頭に浮かべる**」のが普通だからです。

I imagined flying in the sky.
「私は空を飛ぶところを想像した。」

記憶を思い出すのも、何かを想像するのも、「頭の中

で**何かをしている最中の映像**を思い浮かべる」という作業です。そしてそれが英語では〜**ing** で表されます。

▶「will ＋進行形」が「意思」ではなく
「予想」を意味する理由

さて、**will** の「予想」という意味に戻りましょう。「予想」、つまり「こうなるだろうな」と考えることは、頭の中でこれからの出来事を「想像する」という行為です。

つまり、頭の中に映像を浮かべる作業ですから〜**ing** を使います。そこで、「動作の最中」を表す進行形を **will** と組み合わせることで **will** は「〜だろう」という予想の意味を確実に出すことになります。

What will you be doing on Friday?

を直訳すると、「あなたは金曜日には、何をしている最中にあるのでしょうね？」という感じです。「あなたは何をしている最中なのだろう」と、私は一生懸命想像をしているんですよ、ということを相手に伝える表現です。「何をするつもり？」と相手の意思に立ち入る意味にはなりません。

I will no longer be working together with Sacha.

を直訳すると、「私はこれ以上長くは、Sachaと一緒に働いているということはないでしょう」という感じです。「働いている最中の映像は想像できないな」という、「きっとこうなんだろうな」と予想していることを表す言い回しです。「働くつもりはない」という意思表明の意味にはなりません。

will＋進行形は自分の中の「想像」を表す表現ですから、日本語で言えば、「金曜日、どうしているのかと思って」とか、「これ以上一緒に働くことはないかなと思います」に近い感じが出てきます。

▶ Will you 〜? と Can you 〜? : どちらが丁寧か

「相手の意思に立ち入らない」という原則があるために、以下の2つの言い回しにもニュアンスに違いが出てきます。

Will you open the door?「ドアを開けてもらえますか？」

Can you open the door?「ドアを開けてもらえますか？」

日本語に訳せば同じになってしまいますが、丁寧さに少し差があります。どちらが「少し身近な相手向け」で、なおかつ「少し上から目線」な響きを出す表現だと思いますか？

私が中学校で英語を習った時、will は「未来」だと教わったはずなのに、Will you 〜? は「依頼」を表すのだと言われて、「え?」と面食らった記憶があります。しかし、will が「意思」「予想」を意味するのだとわかれば、Will you 〜? が「あなたは〜する意思がありますか? あるならやって欲しいんですけれど」という意味での「依頼」を表すというのも納得がいきます。

　そして Will you 〜? が相手の「意思」を尋ねる表現だということがわかれば、これが気を遣わないですむ身近な相手とか、自分より目下の相手に使われることが多い表現だということもわかると思います。

　一方で Can you 〜? というのは「あなたは状況的に今〜することが可能か?」という意味での依頼表現です。「状況」のせいにすることで、相手の意思に立ち入ることもなく、上下関係を感じさせることもありません。

　Will you 〜? が失礼な表現というわけでは決してありませんが、私たちのように外国語として英語を話す人間にとっては、can を使って頼み事をする方が「より安全」だと言えるでしょう。

─── 第 **21** 講 ───
「たられば」の気持ちが
丁寧さにつながる仮定法

この項で扱う表現

- If I were ～などの仮定法過去表現
- If I had ＋過去分詞などの仮定法過去完了表現
- 助動詞過去形＋ have ＋過去分詞を使った「たられば」
  表現
- I would say ～などの「控えめな判断」を表す表現

　前講まで「相手の意思に立ち入らない」「自分の意思
ではなく状況のせいにする」という原則を使って丁寧さ
を表す英語脳の戦略を解説しました。**ここからは「距
離」を使って丁寧さを表す戦略を解説します。**

▶ 仮定法が表すのは「現実との距離」

　仮定法と呼ばれる動詞の活用があります。第18講の
法助動詞のところでお話しした通り、文法の世界で
「法」というのは、「現実の出来事」の話をするのか、
「思っているだけで現実には起きていない」話をするの
かに応じて、**異なった動詞の活用を行う**ということで
す。

　動詞の活用というのは現在形や、過去形など、動詞の

語尾の形を変えることだと考えて結構です。

　今回扱う「仮定法」は、「今現実にはそうじゃないけど、仮にもしそうなら」とか、「あの時、現実にはそうではなかったけど、仮にもしあの時そうだったなら」ということを表すための動詞の活用です。大昔の英語には仮定法専用の活用形があったのですが、現代英語ではかなり廃れていて、「今現実にそうじゃないけど、仮にもしそうなら」は、ただの動詞の過去形を使って表します。例文を見てみましょう。

If I had the money now, I would pay you back.
「もし今そのお金があったら、あなたに返すんだけど。」

▶ 動詞の過去形を使う理由

　「今」の話なのに過去形を使っていますね。その感覚ですが、現代の一般英語話者にとって、「これは仮定法の動詞の活用なんだ」という気持ちはあまりないと思います。

　例えば日本語でも「以前は良い人だった」と言えば、「今では良い人ではない」ということを意味するのと同様、英語話者も「今実際にはそうじゃないんだけど」という気持ちで過去形を使っていると思われます。

　例文の had は「今実際にはそのお金を持っていないけど」という状況、would pay の would は「今実際には支払うつもりはないけど（仮にお金があれば、支払うつもり

はある)」という「意思」を表しています。

このようにただの過去形を使うことが普通なのですが、昔の仮定法の活用の名残りも少しあって、**be**動詞の場合は主語が何でも、つまり**I**だろうが**you**だろうが**he**だろうが**she**だろうが、**were**を使います。

If I were you, I wouldn't buy that jacket.
「私があなたなら、そのジャケットは買わないけど。」

wereは「実際には私はあなたじゃないけれど、仮に私があなたなら」ということを表しています。こういった、「今実際にそうじゃないんだけど仮にそうだったら」と言う時に過去形の動詞を使うので、「仮定法過去」と呼ばれます。

▶ 仮定法過去完了

これが、過去を振り返って「あの時実際はそうじゃなかったけど、仮にそうだったら」と言いたい時には「**had ＋過去分詞**」、つまり過去完了の形を使います。これを**仮定法過去完了**と呼びます。

If Jane had told us the truth then, we would not have argued.
「もし**Jane**がその時私たちに本当のことを言ってくれていたら、私たちは言い争いをしなくて済んでいたのに。」

例文後半の **would not have argued** を見てください。
助動詞の過去形 **would not** は「（実際にはそうなってしま
ったけど、仮に真実を知っていたら）そうはならなかった
だろう」という「予想」を表しています。

　will not でなく **would not** になっているのは「実際の
話じゃない、あくまで想像上の話」ということを表して
います。時間的な過去は表していません。過去の意味を
表すために **have argued** という完了形を使い、「すでに
起きてしまったこと」という意味を表しています。

▶「過去形の助動詞＋ have ＋過去分詞」は 「たられば」でよく使う

　wouldn't have argued のような「過去形の助動詞＋
have ＋過去分詞」は日本語でいう「たられば」の話でよ
く使います。**if** 節は会話では使わないことがとても多い
です。以下の言い回しは、後悔の気持ちを込めて、ため
息混じりによく使われます。

　We could have met up!
　「（なんだぁ、もし〜だったら）私たち、会えてたの
に！」（可能）

　I should have come earlier.
　「もっと早く来ておくんだった。」（べき）

I would have told him in advance.

「(もし～だったら)前もって彼に言っておいたのに。」
(意思)

I shouldn't have done that!

「やるんじゃなかった！」(べき)

▶「現実からの距離＝遠回し＝丁寧・断言をさける」

　さて、この仮定法ですが、「仮にもしそうなら」という使い方だけでなく、丁寧で控えめ、あるいは断言を避けたい時にもよく使われます。

　日本語でも「仮の話」というのは遠回しな言い方として使われます。例えば、「結婚して！」と言い出せずに、「仮にだよ？　結婚してって僕が言ったらどうする？」なんて言う場合もあるでしょう。仮の話にすることで、「責任回避」が行われていますね。

　「私と一緒に来てくれますか」と言いたい時に、**Will you come with me?** や **Can you come with me?** よりも、

Would you come with me?
Could you come with me?

の方が丁寧に聞こえるのも「仮に一緒に来てくれと言ったら、来てくれますか」という響きが奥底にあり、「来てくれと迫る感じ」が少なくなっているのです。

▶ 控えめな返答表現

　相手の話に返答するとき、断言を避けたい気持ちになる時は我々にもよくあります。そして英語にも、仮定法の感覚を使ったそうした気持ちを表す表現は結構あります。いくつかご紹介しましょう。

▶ I would say 〜：
「まぁ、〜でしょうね」「あえて言うなら、〜ですね」

　"What do you make of his comment?" "I would say what he said is true."
　「彼のコメントをどう思いますか？」「彼の言ったことはまぁ、本当だと思いますね。」

　「I would say ＋主語＋動詞〜」で「まぁ、（主語）は（動詞）でしょうね」です。I would say は「（仮に私が言うとすれば）〜だと言うでしょうねぇ」というのが直訳ですから、「あえて言うなら」という感じが出ます。「仮の世界」に自分を置くことで、現実から距離を取り、遠回しで断言を避ける表現になります。

▶ I would imagine 〜：「〜じゃないですかねぇ」

　I would imagine that'll be fine.
　「それで大丈夫じゃないですかねぇ。」

I would imagine の後ろにも「主語＋動詞〜」のかたまりが続くことが一般的です。直訳すると「（仮に私が想像するとすれば）〜になるかと思います」ですから、「まぁ、そうなんじゃないかなぁ、と思いますがねぇ……」という感じが出ます。

▶ I would think 〜：「〜じゃないか、などと思うのですが」

I would think you would know better.
「あなたの方がもっとよく知っているんじゃないかな、なんて思うのですが。」

I think よりも遥かにやわらかい、断言を避ける表現です。そして、think の後の節に、would が続くことが多いのも大きな特徴です（必ず続くわけではありません）。

I would think は「仮に考えるとしたら、こう思うかなぁ」ということで、think の後に続く「主語＋ would ＋動詞の原形〜」の would もやはり、「仮に考えれば、〜するだろうかなぁ」という予想を表します。

いかがでしたでしょうか。仮定法の意味の本質は「現実ではない＝現実から距離がある」ということです。私たちも生活の中で、目上の人や見知らぬ人にベタベタ近

づかず、距離を取ることで敬意を表しますが、言語においてもこのようにさまざまな「距離をとる」工夫がなされることで敬意を表す表現が成立します。

ここまで、英語のいろいろな「丁寧表現」を扱ってきました。その原則をまとめると以下のようになります。

【英語の丁寧表現の原則】
・相手の意思に立ち入らず、自分の意思を押し付けない
・「原因があなたにそうさせる（what makes you 〜?)」や「状況的に可能（can）」、そして「状況のせいでやらないと仕方ない（have to)」など、状況のせいにすることで自分や相手の意思に立ち入ることを避ける
・仮定法を使い、現実から距離を取ることで遠回しな表現を作る

第22講
pleaseには
「逆らえない圧力」がある

ここで扱う表現

- Please fasten your seat belt.：「シートベルトをお締めください。」
- handle A with care：「Aを丁寧に扱う」
- take the Yamanote Line：「山手線に乗る」

　ここまで、「英語脳が考える丁寧な言い方」についてお話をしてきました。私たち英語を学ぶ人間にとって、「丁寧さを表す英語表現」と言われて真っ先に思い浮かぶのは please という言葉でしょう。例えば英語を学ぶ側にとってのイメージは、命令文でも please さえつければ丁寧に聞こえるはず、といった感じです（このことに関しては次講で話します）。

　確かに please は丁寧さを表しますし、アメリカ人の多くは子供の頃に、「人にものを頼む時は、（その言葉さえ付ければなんでも願いが叶うという意味で）magic word を付けなさい！」と教えられ、その magic word こそが please なわけです。

　しかし、言葉が持つ意味というのは、常に「両刃の剣」となる可能性を持っています。please が持つ「お願

いします」という響きは、裏を返せば「お願いしたのだから、やってよね」という圧力の響きでもあるのです。これが please が醸し出す「逆らえない雰囲気」につながってきます。

　この講では命令文と please という言葉が持つ本質に迫ります。これを知れば、日本語訳に頼らずに、より直感的に命令文や please を使うべきかどうかの判断ができるようになります。

▶ please は「ちょっと冷たい」？

　please ＋命令文は公共の場のアナウンスでよく使われます。

Please fasten your seat belt.
「シートベルトをお締めください。」（飛行機内で）
Please stand behind the yellow line.
「黄色い線の内側でお待ちください。」（駅構内で）

　確かに乱暴な言い方ではありませんが、決してフレンドリーな言い方ではありませんし、これらのアナウンスを聞く側には「No」と言う余地はなさそうです。please は確かに丁寧ではあるのですが、何か従うべき圧力を感じさせる言葉です。その正体は一体何なのでしょう。

▶ 英語の命令文の本質

ここで少し話が逸れて、英語の命令文について考えてみます。日本語と違って英語には、「やれ」「やりなさい」、あるいは「やってください」や「おやりください」というような言葉の強さの微妙な使い分けはありません。英語では命令文はあくまで命令文です。ですから命令文というのがどれくらい「強い表現」なのか、なかなかピンと来ないと思います。

実際に命令文を使うときには、言葉の形というよりは口調の強さや、話す時の態度や表情で使い分けられていて、喧嘩の時にはさらにそこに、いわゆる **f-word** のような卑語が入ったりします。

公共の場のアナウンスから喧嘩に至るまで、これだけ用途が幅広いわけですから、私たちノンネイティブにとって命令文の持つ響きというのはわかりにくいものです。もちろん自分たちで使うのも気怯みますし、相手から命令文で話されたときは、どのようなニュアンスで命令文を使われたのか、ちょっと悩んでしまいます。

しかし英語の命令文の本質を「強制」ではなく、「簡潔さ」で捉え直すと、その用途の幅広さにも納得がいきます。

▶ 命令文＝動詞の原形

命令文というのは**とても簡潔な表現**です。

大昔の英語ではもっと複雑な動詞の活用をしていまし

たが、現代英語ではただの動詞の原形、つまり、「裸の動詞」の形を使います。

　日本語でも例えば交通標識の用語（「止まれ」「警笛鳴らせ」「追越し禁止」）などは、とても簡潔です。仮に標識に、「止まってください」とか「追い越しはお控えください」などと書いてあったら、それはとてもまどろっこしく感じるでしょう。そこには「伝える必要のあるメッセージを簡潔に直接的に伝える」という意図があります。人間関係に対する配慮などは余計なものなのです。

　英語の場合、公共のアナウンスに「**please＋命令文**」がよく使われるのは、**不特定多数の人たちにメッセージを伝えようとしている**からです。人は自分が対応する人との関係に応じて言葉遣いを変えますが、不特定多数が相手なら「個別の人間関係に配慮した表現」は消えます。

　日本語ではそれでも「ですます調」にするなどの方法があるのですが、英語では不特定多数の相手に対してお願いする場合の「最大公約数」的な表現は、できるだけ余分なものを削ぎ落として骨組みだけになった表現である「命令文」を使います。これは製品の取扱説明書にも言えることです。

Handle Airpods Pro and case with care.
「Airpods Pro とそのケースは丁寧に取り扱うこと。」
（Apple のワイヤレスイヤホンである Airpods Pro の

取扱説明書より）

handle というのは「手」を意味する hand を語源とする、「〜を（手で）取り扱う」という意味の動詞です。ここでは命令文として動詞の原形が使われています。

製品を買ってくれた顧客に please も付けないで命令文を使ったとしても、それは失礼にはあたりません。英語脳の感覚では「トリセツの表現に余計な飾りは不要。必要なメッセージだけを伝える」という姿勢が重視されているのです。

▶ 簡潔・単純だからこそ使用範囲は広い

英語の命令文というのが「公共のアナウンス」「取扱説明書」から文字通りの「命令」「口論」に至るまで使われるのは、命令文の根っこに「飾りのなさ」があるからだと言えます。その飾りのない、削ぎ落とされた表現が不特定多数を対象とするお願いにも使われる一方で、個人を対象に使われるときには、命令文は「人間関係に対する配慮」が削られた言い方、つまり強く威圧的な言い方に聞こえることがあるわけです。

▶ please の正体

ただし、個人が相手であっても命令文を使うのが自然である場合もよくあります。その代表が道順を説明するなどの「指示・指導」の場合です。例えばあなたが電車

に乗っていて、英語話者の観光客に渋谷への行き方を尋ねられた場合、

Are you going to Shibuya? Then, take the Yamanote Line.
「渋谷に行くんですか？ じゃあ山手線に乗ってください。」

と言います。英語学習者の中には「え？ please を付けたほうが良いのでは？ 実際電車のアナウンスも **Please take the Yamanote Line.** って言っているし」と思う方もいらっしゃると思います。ここで「**please の正体**」が見えてきます。

please の本質的な意味は「お手数をおかけしますが」「悪いのですが」ということです。もし私が鉄道会社の職員なら、「お客様」であるその外国人観光客に対して、「渋谷へ行かれるなら、**お手数をおかけしますが、山手線にお乗り換えください**」と言うのは自然です。ですから電車のアナウンスでも **Please take the Yamanote Line.** となります。

しかし、私が普通の電車の乗客で、たまたま渋谷への行き方を尋ねてきた外国人観光客に「**お手数ですが山手線に……**」と言うのは不自然です。こちらは相手に何の面倒もかけていないからです。

please の日本語訳には「**どうぞ**」という言葉がよくあ

てがわれますが、例えば相手に **Can I use this pen?**（このペン使っても良いですか。）と言われて「はいどうぞ」と答えるつもりで **Yes, please.** というのは不自然です。「悪いけど、お願いします。」「お手数をかけますがお願いします。」が Yes, please. の本来の意味だからです。

そういうときには **Sure.**（もちろんどうぞ。）と答えるのが自然ですし、一方で例えば、**Would you like another coffee?**（もう1杯コーヒーいかがですか？）と聞かれたら、**Yes, please.** と答えるのは自然です。

▶ まとめると……

このように please は「あなたに負担をかけて申し訳ないけれど、こちらの希望通りにしてね」ということを表します。その分ただの命令文よりは丁寧に響きますが、「言われた通りやってね」というところは変わりません。これが please の持つ「圧力」の正体です。

そして、人に道順を教えたり、ゲームやスポーツなど何かのやり方を教える時は please を使わず、ただの命令文を使います。なぜならそういう場面で「悪いんだけど・お手数をかけるけど（こうしてください）」と言うのが不自然だからです。

次講では、イギリス人に比べると、実はアメリカ人はあまり please を使わないらしい、というお話をします。そこには興味深い理由が隠れているようです。

第 23 講
アメリカ人はイギリス人よりも please を使わない?

・ Could you bring me a salad? と Could you bring me a salad, please? の違い

　日本語話者が英語を使って何かをお願いするとき、「Please ＋命令文」を使っているのをよく目にします。文法的に間違っていませんが、場合によっては不躾に聞こえる恐れもあります。

　please をつけてもやはり命令文ですから「(悪いんだけど) やってほしい」という、**こちらの意思を相手に押し付けるように聞こえる可能性があります**（第16講の can と命令文の比較を参照）。そうなると聞き手にとって、「断る選択肢がない」かのように聞こえることがあるわけです。

　これを避けるために英語話者は「命令や依頼ではない**体裁をとりながら、依頼していることを表す**」という戦略をとることがあります。

　Could you bring me a salad?（直訳：あなたは私にサラダを持ってくることはできますか？）

→状況的に可能かどうかを「尋ねている」だけ、という**体裁**

I'll have the salad.
（直訳：サラダを食べるつもりです。）
→話し手の意思を表明している、という**体裁**

I'd like the salad.（直訳：サラダがいいだろうな。）
→話し手の好みを表明している、という**体裁**

　もちろん日本語でも同じような依頼表現はあるので、読者の中には今さらこんなことを指摘されてもなぁ、という気持ちになってしまう方もいるでしょう。
　では、これが、

Could you bring me a salad, please?
I'll have the salad, please.
I'd like the salad, please.

というふうに **please** を付ければどうなるでしょうか？さらに丁寧になるでしょうか？ 結論を言うと、英国人は「丁寧だ」と感じ、米国人は「少し上から目線かも」と感じるようです。
　同じ英語を話す国民なのにもかかわらず、これはとても興味深い違いです。両国民の間にはどんな考え方の違

いがあるのでしょうか。そして、please という言葉はここで一体どんな役割を果たしているのでしょうか。このことがわかると、私たち英語学習者が時に濫用してしまう「Please ＋命令文」がどのような響きを持つ言葉なのかがよくわかってきます。

▶ アメリカ人の「建前」

　アメリカの文化を理解する上で重要な建前があります。それは「身分の上下はなく、皆平等」です。あくまで建前ですから、現実には上下関係もありますし、貧富の差だってひどいですが、とにかく「平等のポーズをとること」が社会の中で求められています。イギリス英語に比べると、くだけた表現が目立つのもアメリカ英語の大きな特徴です。

　ここではレストランで客が従業員に注文するときに現れる、アメリカ英語の「平等のポーズ」を見てみます。

　英国在住の言語学者である Lynne Murphy 教授が興味深い話を御自身のブログ*2 に書いています。彼女は米国人であり、英国人の男性と結婚し、英国に移住しサセックス大学で教壇に立っています。ある日、彼女の周りの英国人が「アメリカ人はあまり please を使わない」と話すのを耳にして憤慨します。当然米国人も子供の頃から the magic word である please を使うように躾けられています。

　しかし米国人である彼女の親兄弟が彼女のもとに遊び

に来たとき、**Murphy** 教授は確かに彼らが、そして実は自分自身もあまり please を使っていないことに気づき、愕然（がくぜん）とするのです。以下は **Murphy** 教授のブログからの引用です（翻訳は筆者による）。

　私がイギリスに住んでしばらく経ち、私の家族や友人が（米国から）訪ねてくるようになりました。彼らがレストランで注文をするとき、確かに please を使っておらず、そして今の私にはそれがとてもぶっきらぼうに聞こえるようになったのです。さらにはイギリスの友達と毎週開くピザパーティで、ピザを注文するときに周りのイギリス人の友達はみな please を使うのに、私自身はあまり使っていないことにも気づいたのです。

　一体ここで何が起きているのでしょう。米国人は平等を建前とするために、皆がざっくばらんになってしまい、その結果、互いに馴れ馴れしく失礼になってしまうのでしょうか？ **Murphy** 教授はこうしたステレオタイプな予想とは一味違った分析を見せてくれます。

　私たち米国人はレストランで注文をするときに please を使わない。それは私たちが「リクエスト」をしていることをあからさまにしたくないからだ、と私は考えています。リクエストをしてしまえば、私たち客がウェイターよりも力があり、地位が上なのだということを認めることに

なってしまいます。

▶ Can I have the salad? と
Can I have the salad, please? の違い

　ここでもう一度、「please を使う意味」というのを振り返ってみましょう。前講で見た通り、please が表すのは「お手数をかけて悪いのだけど（やってね）」という気持ちです。Murphy 教授の言う「リクエスト」が意味するのは please の持つ「やってよね」という気持ちの部分です。

　Can I have the salad? なら「私がサラダを食べるのは可能かしら？」という「疑問」の体裁を保つことができても、一旦ここに please を付けて、**Can I have the salad, please?** と言ってしまうと疑問の体裁はなくなってしまい、「頼むわね」「お願いね」というメッセージが露骨に出てしまいます。

　これによって「客は指示を出す上の立場、従業員はそれに従う下の立場」という関係を表明していることになる。それは「みんな平等」という米国社会の建前に反するので気持ち悪い。米国人は無意識のうちにこれがわかっていて、レストランでの注文やそれに類するシーンで please を使わないのだろう、と考えられるわけです。

　一方英国人はレストランでの注文や、お店で従業員にお願いする行為を「個人的なリクエストをしているのだ」と認識する傾向が強く、頼み事をしているなら当然

「お手数ですが・悪いけど」という言葉を付けないと気持ち悪いようです。したがって、米国人に比べて **please** をよく使うのだと考えられます。この英国のスタイルは我々日本語話者が「お手数ですが・悪いけど・すみませんが」を使うのに近い感覚かもしれません。

▶「Please ＋命令文」の持つ響き

　というわけで、英語のネイティブスピーカーではない我々が、レストランでの注文やお店で従業員にお願いをする時に「**Please ＋命令文**」を使うとどんなふうに聞こえるのか、何となく想像がついてきたと思います。もちろん言い方にもよりますが、「頼むからちゃんとやってよね」と響く危険性がある、ということです。特にアメリカではそうなるリスクは高まります。

　確かに前講で見たように、公的な場所でのアナウンスに「**Please ＋命令文**」はよく使われますが、これはあくまで「不特定多数」に向けたメッセージであり、個人に向けたものではないので、その圧力はそれほど高くありません（それでも基本的には「**必ず従ってくださいね**」という圧力はあります）。

　一方でこの表現を個人に対して使うのは話が違ってきます。よくある表現に "**It's nothing personal.**"（あなた個人に言っている話じゃないんだよ。）というのがありますが、逆に言えば個人に向けて言う、ということは圧力が高いわけです。

第16講で述べた通り、命令文というのは、原則的に話し手の意思・願望を聞き手に押し付ける表現の一種です。そこに please が付いて「丁寧さ」を演出したとしても、それはあくまで「悪いんだけれど」という感覚で、やはり「Please ＋命令文」からは「**ちゃんとやってよね**」という圧力の高いメッセージは消えません。**Can I have the salad?** にある「あくまで質問しているだけ」という響きも、**Can I have the salad, please?** とすると「悪いんですがやってください」というメッセージが加わり、失礼というわけではないにしろ、圧力が少し増します。

　質問の形式である **Can I/you ～?**（できますか？）はあくまで **yes/no** 疑問文ですから、聞き手が「できない」、つまり **no** と返答できる余地があります。英語の依頼表現で「何が丁寧なのか」を考える場合、この「断る余地」が大きいほど丁寧な表現だ、と考えることも大事なのではないかと思います。「**Please ＋命令文**」は「悪いけどやってください」「お手数ですがやってください」ということですから基本的に断る余地のない表現です。

★2 Lynne Murphy ブログ *Separated by a Common Language*：saying 'please' in restaurants より

第 5 章

メタファーとメトニミーが作る
「多義語」の世界

── 第 **24** 講 ──
メタファー:人はなぜ「時間」 という概念を理解できる?

ここで扱う表現

- at:「移動し続ける最中の一点」が根っこの意味
- for:「前」→「目標」→「交換」と意味を広げる

▶ 言語が持つユニバーサルな特徴

　最終章では文法が持つ不思議な振る舞いにメスを入れていきます。どのような言語であれ、人間が話す言語ですから、あらゆる言語に共通する特徴というものがあります。

　文法にもそれがあるわけですが、それが人間のどのような思考方法から生まれているのかを見ていきましょう。これが英文法のさまざまな謎を解くことにも直接つながってきます。

▶ 言語にとって、「比喩」が重要?

　認知言語学ではメタファー(隠喩)やメトニミー(換喩)という現象をとても重視します。どちらも一種の「比喩」です。

　初めのうち、私はなぜ認知言語学が比喩などというものを重視するのか、よくわかりませんでした。だって、

比喩なんて、ただの表現技法でしょう？　ものごとをちょっとかっこ良く言うための。言語学関係ないじゃん。そう思っていました。

　けれども少し学んでみて、これは人が話す言語において、根幹をなすくらい大切なものなのだということを、衝撃をもって思い知らされました。

▶ メタファーによって、人は抽象概念を理解する

　我々人間はよく時間の話をし、時間に従って生活を設計します。しかし、時間というのはこの世のどこにあるのでしょう？　見ることも触ることも、当然動かすこともできません。私たちは、こんな得体の知れないものを、さもよくわかっているかのように扱っているのですが、私たち人間は一体どうやって「時間」という概念を理解しているのでしょうか。

　例えば私たち日本語話者は「過去を振り返るな、今ここに集中しろ」と言います。つまり、過去は後方にあり、現在とは自分がいる「場所」だと考えています。現在進行中の話を「今、ご飯を食べているところだ」などと言ったりもします。時間を「場所」として表しているわけです。また、「これまで随分苦労をしてきた」などと言うのですから、過去から現在への時間の経過を、ある場所から今いる場所への移動のように考えていることになります。「これからもこれを続けていくつもりだ」と言ったりするので、現在から未来への時間の経過は、今い

る場所を離れてどこかへ移動していくことだと考えていることになります。

　時間は触ることも見ることもできませんが、場所は触ることも見ることもできます。人間は時間という抽象的な概念を、場所という具体的な存在を通して理解していることがわかります。

　これが**メタファー（隠喩）**と呼ばれるもので、具体的な事物になぞらえて、あるいは譬えて、抽象的な概念を理解するという、人間の思考戦略です。単なる比喩や文学表現を超えて、人間の知性そのものを支える、重要な概念であることがわかります。

　この章では前置詞の意味の広がりを扱いますが、前置詞というのは元来、場所を表す言葉です。それがメタファーの作用で時間や心情といった抽象概念まで表すようになりました。

　atがその典型的な例です。

　atは「移動している最中の一点を指す」というのが根っこの意味です。ちょうど、カーナビの画面上を移動する赤い点のイメージです。

I saw him at the station.「私は駅で彼を見かけた。」

と言えば、いろいろと移動している中で、**たまたま駅という地点に来た時に彼を見かけた**、という感じが出ます。

　さて、時刻というのはずっと動き続けるもので、決し

て止まったりはしません。その移動し続ける時刻が<u>ある時点に来た時に、何かをした</u>、という時に at を使います。

I met him <u>at seven</u>.「私は 7 時に彼に会った。」

こうしてみると、at が表す時刻の感覚は、場所を移動する点のイメージがそのまま応用されたものだということがわかります。さらに時刻の **at** は、

I talked with him <u>at the meeting</u>.「私は会議で彼と話をした。」

というふうに応用されたりします。人間は 1 日という時間が過ぎゆく中で、それぞれの時刻に予定を置きます。時刻が 7 時の時点に来たときに何かをするのと同じように、1 日のスケジュールが「会議」の時点に来たときに「彼と話をした」ということが起きているわけです。

この他にも **He is <u>at work</u> now.**（彼は今仕事中です。）、**I was <u>at school</u> then.**（私はその時［授業で］学校にいました。）といった表現も同じ仕組みです。

at はメタファーの力によって地点の意味から時刻の意味を持つようになり、さらにそこからさまざまな意味に広がっていった前置詞です。

▶ メトニミーによって言葉の意味は広がっていく

　英語に限らず、外国語を学習する時に、「何で1つの単語にこんなにたくさんの意味があるんだ」と頭を抱えた経験はだれでもお持ちでしょう。一見すると何のかかわりもないような複数の意味が1つの単語に同居し、いったいこの単語は何が言いたいんだ？　と思わされることもしばしばです。

　しかし1つの単語に複数の意味が同居する、というのは実はとても経済的です。なぜなら意味を1つ表すたびにいちいち別の単語を用意していては、単語の数がいくらあっても足りないということになるからです。それだけ多くの単語を全て記憶し、運用するというのはとても大変で、非効率的です。ですから同じ単語でいろんな意味を表せた方が便利なのです。

　では、どういうメカニズムで1つの単語の中に複数の意味が広がっていくのでしょうか。その原因と考えられるのが、**メトニミー（換喩）** という現象です。

　先程のメタファー（隠喩）は「具体的なものに譬えることで、抽象的な概念を理解する」というものでした。

　今回のメトニミーですが、ちょっと難しい言い方で定義すると、**「近接するものに意味の指示対象がずれること」** となります。

　例えば、日本語で「白バイ」と言えば警察官が乗る「白いオートバイ」のことを指します。しかし、「信号無視で白バイに捕まった」と言えば、「白バイ」という言

葉が指しているのはオート
バイというよりは、それに
乗っている「警察官」にな
ります。この場合、白バイ
に乗っている、つまり白バ
イに「近接」している警察
官に「白バイ」が指す意味
が移った、ということにな
ります。

　これと同じ原理が、単語の意味が広がる原動力となり
ます。例えば for という前置詞は元々「**前方**」を語源と
する言葉です。この名残は forward（前方）や before
（～の前に）といった言葉に見られます。

　そして人間は「**前方にある物体**」を目指して進むとい
うことをよくやります。ここから for は「**目標（～のた
めに）**」という意味を持つようになります。

I did this for you.
「私はあなたのために、これをやったんだよ。」

　「白いバイク」から「白いバイクに乗った警官」に
「白バイ」の指す意味が移るように、for の指す意味が
「**前方**」から「**前方にある目標**」へと移ったわけです。

　そして人間は、目標を達成するのと「引き換え」に何
かを犠牲にすることがよくあります。目標を達成するの

と引き換えに労力が注ぎ込まれたり、何かを手に入れるのと引き換えにお金を払ったり、といった具合です。ここから for には「**交換**」という意味が生まれました。「目標」という意味から「目標を達成するために何かと交換する」ところへ意味が移動したわけです。

an eye for an eye, a tooth for a tooth
「目には目を、歯には歯を」
Can I exchange this jacket for a smaller size, please?
「このジャケットを小さいサイズのものと交換してもらえますか。」

ちなみに for には「期間」を表す用法があります。

I've been waiting for him for hours!
「もう何時間も（の間）彼を待っているんだよ！」

実はこの for も一種の「**交換**」の用法です。ここでは「待つ」という行為と引き換えに数時間が消費されているわけです。

このように for という言葉は「前方」という場所表現から、メトニミーを通して「目標」や「交換」という意味を持つようになっていったわけです。

▶ 多義語の世界を探検してみよう

　今回は、単語の意味を創造する重要な2大原理であるメタファーとメトニミーを解説しました。この原理がわかると、単語の意味の広がり方がとても理解しやすくなります。

　次講では on という前置詞が持つ多様な意味の広がりを、メタファーとメトニミーの原理を通して観察してみましょう。

第 25 講
on の世界：Russia's war on Ukraine は なぜ in Ukraine じゃない?

ここで扱う表現

- put pressure on A：「Aに圧力をかける」
- Russia's war on Ukraine：「ロシアによるウクライナ に対する戦争」
- depend on A：「Aに頼る」「A次第である」
- count on 人：「人のことをあてにする」
- on time「定刻通り」と in time「時間に間に合って」

　前置詞はその多様な意味の広がりのせいで、英語学習者の前に大きな壁となって立ちはだかります。多くの学習者が前置詞の意味を理解することをあきらめ、「熟語についてくるおまけ」みたいな気持ちでとにかく暗記しています。

　しかしもちろん言葉である以上前置詞にはしっかりとした意味があり、それを理解すると「心の底からその表現の言いたいことがわかる！」という体験ができます。

　前回説明したメタファーとメトニミーを使って、多様な意味を持つ on のイメージを捉えましょう。

▶ on の根っこの意味は「接触」

on の根っこの意味は「接触」です。

Your wallet is on the table.
「君の財布ならテーブルの上にあるよ。」
There was a painting hanging on the wall.
「壁に1枚の絵がかかっていた。」
There were two fans rotating on the ceiling.
「天井には2機の扇風機が回っていた。」

テーブルの上（上方向）だろうが、壁にかかっている状態（横方向）だろうが、天井に設置されている状態（下方向）だろうが、接していることを on は意味します。**on は上という「方向」を意味する言葉ではないのです。**

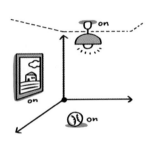

しかし実際には「〜の上に」という意味で使われることが最も多いです。これは我々が重力のある世界に生きているからです。例えばボールを天井や壁に「置こう」としても、手を離した瞬間に重力のせいでボールは下に落ちてしまいます。けれどもテーブルの上に置けば、ボールはそこで安定して存在します。これも重力のせいで

す。日常生活の中で、物が何かの上に乗った状態で「接している」ことを一番多く目にするので結果的に **on** は「〜の上」という意味で使われることが多くなります。

▶ 時刻は at。なぜ日付は on ？

on Tuesday（火曜日に）とか、on the 13th of March（3月15日に）など、曜日や日付は **on** で表します。これは、「出来事が起きる舞台」として曜日や日付を考えているからです。**I went snowboarding on Tuesday.** なら「火曜日という舞台上で、私がスノーボードに行った、という出来事が起きた」という感覚なわけです。

▶「上に乗る」と「圧力」がかかる

自分の上に誰かがのしかかると、人は圧力を感じ、「重い！」となります。この物理的で具体的な体験が、抽象的で比喩的な「圧力」表現にも **on** を使わせます。

The government put pressure on him to give up the investigation.
「政府は調査をあきらめるよう彼に圧力をかけた。」

政府が「彼」に対し、言葉などを使って調査をやめさせようとしたわけであって、具体的に何キログラムかの重しを彼の上に乗せて圧力をかけたわけではありません。そういう意味で put pressure on him（直訳：彼の上

に圧力を置く）はメタファーを使った比喩的な表現です
し、「上に乗る」から、そこで発生する「圧力」に **on**
の意味がシフトしているという点ではメトニミーの作用
が働いているとも言えます。

▶ Russia's war on Ukraine はなぜ in Ukraine じゃ ない？

Russia's <u>war on</u> Ukraine
「ロシアによるウクライナに対する戦争」

CNN や BBC など、英語放送のニュース番組でトピッ
クのタイトルとして出てくる表現です。ここでなぜ
on が使われるかわかるでしょうか。

ここで試しに **on** の代わりに with や against を使って
みましょう。with や against でも文法的にはまったく問
題ありません。

まず Russia's <u>war</u> <u>with</u> Ukraine なら「ウクライナと
の、ロシアの戦争」ということになります。Russia's
<u>war</u> <u>against</u> Ukraine なら「ウクライナに対する、ロシア
の戦争」になります。

日本語訳だけではその違いはピンと来ませんね。やは
り前置詞の意味がしっかりわかっていないと、ニュアン
スの違いはつかめないのです。これは特に自分で英語を
書いたり話したりするときに大きな障害になります。

「一緒に」というのがその代表的な意味である **with** は、語源的には「対戦」、つまり **against** に近いイメージを持ちます。例えば **I played tennis with Tom.**（私はトムとテニスをした）では「一緒に」テニスをしているのですが、別の見方をすれば **Tom** は「対戦相手」です。

ですから **Russia's war with Ukraine** ならロシアとウクライナは「対戦相手」になります。この場合、お互いの立場は五分五分で、どちらが攻めてどちらが守っているか、という感じはあまり出ません。

次に **against** ですが、**with** の持つ「対戦」よりは「反発・反抗」のイメージを強く持ちます。**Russia's war against Ukraine** なら、「ロシアがウクライナに反発・反抗しながら戦っている戦争」という感じがします。つまり、現実のロシア・ウクライナ情勢とは逆の印象を与える可能性がありますね。

それでは **Russia's war on Ukraine** なのですが、**on Ukraine** なら「ウクライナの上にのしかかっている」わけですから、侵略行為を通してロシアがウクライナに圧力をかけていることになります。

これが現実の情勢にぴったりなわけで、したがって、ニュースでウクライナ情勢を放送する時にはこのタイトルが出てくるわけです。

「**Ukraine** は国名・地名なのだから **in Ukraine** ではないのですか？」という質問もよくいただきますが、そう

すると「ウクライナという場所の中でのロシアの戦争」ということになり、「ウクライナを戦場にしてロシアが戦っている」というイメージになり、ただロシアがウクライナ国内で戦争をしているだけで（ウクライナ以外の別の集団とロシアが戦っている可能性も出ます）、ロシアがウクライナを侵略しているというイメージはあまり出ません。

▶「頼る」＝「支えてもらう」＝「上に乗る」

　例えば椅子の上に座っているとき、それは椅子に支えてもらっていることになります。椅子を拠り所として、私たちは「座る」という行為ができるわけです。

　こういう物理的体験が元になって、誰かや何かに頼ることを、英語話者は「～の上に乗る」＝「～に支えてもらう」イメージで捉えるようになります。このため、**depend on** や **rely on** など、「頼る」「依存する」ことを意味する動詞には **on** がつくのが普通です。

The organization depends on (relies on) **donations from the public.**
　「その組織は一般からの寄付に頼っている。」

　ちなみに **depend** の語源は **de**（下方向に）＋ **-pend**（ぶら下がる：例 **pendant** ［ペンダント］）で、「何かにぶら下がる＝頼る」というイメージ、**rely** の語源は **re**（再び

＝強く）＋ -ly（結びつける）で、「強く結びつく＝それ無しではいられない＝依存」というイメージです。

　その他の「頼る」系には count on 人「人のことをあてにする」という表現があります。決まり文句としてよく使われるのが、「期待を裏切らないでね」というシーンで使われる、

I'm counting on you.
「あなたのこと、あてにしているからね。」

です。count は「数える」ということで、「数のうちに入れている＝あてにしている」ということです。そこに on がつくのは「あてにする＝頼りにする」という感覚があるからです。

▶「接する」＝「ずれていない」

　on はまた「ずれていない」という意味も持つことがあります。これは「接している＝離れていない＝ずれていない」ということだからです。on time は「定刻通りに」という意味ですが、これは「決めた時間に接している・ずれていない」ということです。

The show started on time.
「ショウは定刻通り始まった。」

よく似た表現に **in time** がありますが、こちらは「決められた時間の枠内で」ということなので「時間に間に合って」という意味になります。

I was able to finish it in time.
「時間内にそれを終わらせることができた。」

　他に **on** を用いた表現として **on 〜ing** で「〜するとすぐ」というのがあります。〜ing は「動作の最中」という意味で、「〜している最中の動作と、……という行為が接している」ので「〜するとすぐ、……する」という意味になります。例えば、

On arriving at the airport, the minister was taken to a hospital.
「空港に着くとすぐ、大臣は病院に搬送された。」

なら、「空港に到着している最中に接して、病院に搬送された」というのが直訳です。

　こういったメタファー、メトニミー的な意味の理解ができたとき、私たち英語学習者は心の底から前置詞の理解ができるようになります。そうして初めて英語を自由に話し、書くことへの道が開けてきます。

第 26 講
文法にも多義はある:
不可算名詞が「機能」も表すわけ

　ここまで、前置詞がメタファーとメトニミーを通して
たくさんの意味を獲得していく過程を見てきました。多
くの単語や熟語はこのような仕組みを通して複数の意味
を持つようになるわけですが、同じことは実は文法にも
起きています。

　ここでは抽象的な名詞にもなぜ可算や不可算の区別が
あるのか、そして本来「材質・性質」を意味する不可算
名詞が「機能」という意味を獲得した理由について、私
の考えを述べていきます。

▶「形の仲間」と「材質・性質の仲間」

　すでに第8講で可算名詞と不可算名詞の基本的な考
え方を説明しました。机やスマートフォン、自転車のよ
うに「それ以上崩してしまったらそれとは呼べなくなる
形を持つもの」が可算名詞であり、氷やチョコレートな
どのように「いくら崩してもそれはそれと呼べるもの」
が不可算名詞です。

　名詞自体の中に可算と不可算の性質が備わっていると
いうよりは、その「もの」をどのように見ているのかと
いう我々の「認識の仕方」が名詞の可算と不可算を決め

ています。これも第8講で述べた通り、鶏を「形」で見ている場合、「1羽の形が丸ごと揃った生きた鶏（a chicken）」ですし、その形を崩して「材質・物質」として見ている場合は「鶏肉（chicken）」です。

　例えば「お城（a castle）」は可算名詞ですし、「砂（sand）」は不可算名詞です。それでは砂でできたお城のオブジェはどうでしょうか。普通私たちはそれを「砂のかたまり」ではなく、「お城という形」として認識するでしょう。これは砂という材質よりもお城という形に注目しているわけで、これは a sand castle という可算名詞の見方です。ここでは「形がまるごと1つ揃っている」ことを意味する冠詞 a が付きます。

　しかし、それが波にさらわれて崩れてしまったら、もはや「砂のかたまり」としてしか認識できません。今度はお城という形よりも砂という材質に注目しているわけで、sand という不可算名詞の見方です。a は付きません。他にも例えば「氷の彫像（an ice statue）⇄ 溶けてできた水（water）」「おにぎり（a rice ball）⇄ 米（rice）」というのも同じ関係です。

　同じものでも「形の仲間」として認識するか「物質・材質・性質」として認識するかが可算名詞・不可算名詞を決めます。

▶ 形がないのに可算名詞・機能なのに不可算名詞

　ところが目に見える「形」がないのに可算名詞になる

ものがあります。

Kevin, we need to have a talk.「Kevin、話があるんだ。」
He made a decision.「彼は決断した。」
Let's take a walk.「散歩しよう。」

このような、動詞から派生した言葉が可算名詞として使われる場合がよくあります。これらの言葉が何を持って「数えられる」のかと言えば、動作の「開始〜終了」までの1区切りです。

例えば a talk なら「話し合いの始まりから終わりまで」を1区切りとする「1回の話し合い」ですね。机やパソコンは目に見える「物体としての形」という境界線・区切りを持っているわけですが、英語を含む可算・不可算のシステムを持つ欧州諸語の言語脳は、動作の「開始〜終了」までの「時間的な区切り」も形の仲間として認識していることがわかります。

この章の冒頭でのメタファーの解説で、人間が時間を場所に譬えて理解することで、抽象的な時間という概念を理解することを説明しましたが、同じことがここにも起きています。

▶「性質」に注目する〜ing

動作の開始から終了までの1区切りを「1つのまとまった形」として、その動作から派生した名詞を可算名

詞とするのに対し、動作の「性質」の部分に注目すると不可算名詞が出来上がります。

たとえば「ハイキング」を英語では a hike と言うこともできますし、hiking と言うこともできますが、前者は可算名詞で、後者は不可算名詞扱いです。

どのようなイメージの違いがあるかというと、a hike は「ハイキングの開始から終了までのひとまとまり」、つまり「1回の徒歩旅行」ということになります。

一方の hiking ですが、~ing というのは「動作の途中」というのが根っこの意味です。hiking なら「ハイキングをしている最中の映像」が浮かびます。それは「ハイキングの性質」を表す映像であり、hiking は「ハイキングとはどういう行為なのか」という性質の説明に意味の重点があります。

また、不可算名詞は「物質・材質・性質」を表す名詞でしたね。hiking は「ハイキングをしている最中の映像」ですから、どこを切っても「ハイキング中の映像」が出てきます。これは「いくら切っても鶏肉は鶏肉」「いくら砕いても氷は氷」という、不可算名詞の感覚に沿うものです。

advertising（広告）、walking（ウォーキング）、babysitting（子守り）、food poisoning（食中毒）など~ing がつく名詞の多くは不可算名詞ですが、そこには~することとはどういうことなのかという、動作の内容・性質に注目する意味が込められています。

氷やガラスやチョコレートなど具体的な物に対して感じる認識を通して **food poisoning** や **advertising** などといった抽象的な物や行為を理解しようとするのもまたメタファーです。

　こうしたところからも「比喩」というのは単なる「譬え」を超えて人間がどのようにこの世界を理解していくかの重要な戦略的手段だということがわかります。そして、文法という、一見無味乾燥なルールの集積のように見えるものが、実は人間の思考やものの捉え方といったものに深く根ざしたものなのであるということがわかります。

▶ breakfast, lunch, dinner は なぜ不可算名詞なのか

　不可算名詞ではメトニミーによる意味のずれが起きている場合があります。

　もともと不可算名詞というのは砂や氷や水のように「物質・材質」を表すのが基本なのですが、実際には「機能」や「用途」も不可算名詞になるのが普通です。例えば **breakfast**（朝食）, **lunch**（昼食）, **dinner**（夕食）は不可算名詞です。これはなぜでしょう?

　「1回の食事」と言えることでわかる通り、食事というのは英語脳の世界でも「数えられる」ものです。そしてそれは **a meal**（[1回の] 食事）と表されます。しかし、**breakfast, lunch, dinner** はその **a meal** を「朝用・昼

用・夜用」の、どの「用途・機能」として食べようとしているのかを表す言葉です。ですから breakfast, lunch, dinner は不可算名詞です。

▶「用途・機能」が不可算名詞になるのはなぜ？

　ではなぜ「物質」でも「材質」でもない「用途・機能」が不可算名詞と認識されるのでしょうか。

　物質や材質は多くの場合、「機能」として人間に利用されてきました。例えば氷なら「冷やす」機能、砂なら「滑り止めにする」機能、革なら「丈夫で衝撃から守る」機能などです。

　メトニミーの例としてすでに「白バイ：白いオートバイ→それに乗っている警官へと意味がずれる」というのを挙げましたが、不可算名詞が持つ「意味」も「物質・材質」から、「その物質が持つ機能」へと、メトニミーを通してずれていったのだと考えられます。

　このような「機能＝不可算名詞」として代表的なのが「by ＋交通手段」です。I came here by bus.（私はバスでここに来ました。）の by bus がそれです。ここでの bus は a が付いていないことでわかる通り、不可算名詞です。

　これを by a bus とすると「バス（という1台の車体）のそばで」という意味になってしまいます。a がついているので「バスという車体の丸ごとの形が1つある」ことがクローズアップされます。

バスを交通手段として考える時、そこで注目されるのは「車体の形」ではなく「**バスが持つ移動機能**」です。ですから交通手段としてのバスを表すときには **a** の付かない不可算名詞の **bus** です。

▶ 言語は人間のもの

単語の意味がメトニミーによってずれていき、結果として1つの単語に複数の意味が派生・同居することはすでに解説してきました。さらにはここでの不可算名詞のように、文法機能も同じ原理でその「意味」（ここでは「材質」→「機能」）が増えていきます。

単語の意味の変化や、文法の機能の拡がりなど、一見さまざまな種類の複雑な言葉の振る舞いが、実は同一の原理で起きているという場合が多々あります。そしてその原理は人間の世界の捉え方、モノの考え方が土台になってできています。

文法を勉強する時、誰もが最初は無味乾燥なルールの集まりで、ただ暗記するしかないと思うものです。しかし、実は文法の振る舞いは、人間の心の振る舞いを表していると言っても過言ではありません。文法は神様が決めたルールではないのです。

あとがき

この本を手に取っていただき、そして最後までお読みいただき、心より感謝申し上げます。

書いていて、とても楽しい本でした。

すでにこれまで英文法に関する本を何冊か執筆しているのですが、文法の奥にある英語話者と日本語話者の「世界の捉え方」の違い、つまり「英語脳」と「日本語脳」の違いに、もっと踏み込んだ形で取り組んでみたいと常々願っていました。

映画『千と千尋の神隠し』を単に英語に翻訳したものが *Spirited Away* という映画なワケではなく、これら2つの映画には、翻訳に付け足されたり翻訳から引かれたりした微細な言い回しの違い、つまり「日本語脳」と「英語脳」の違いが反映されています。

アメリカ人にとっての **please** とイギリス人にとっての **please** にはちょっとしたイメージのズレがあり、それは両国の文化的背景、つまり「アメリカ脳」と「イギリス脳」の違いから出てきたものです。

日本語も英語も「相手との距離を取る」ことで丁寧表現を作り出すところは共通していますが、英語にはさらに、「相手の意志に触れず状況のせいにする」ことで丁寧表現を作るという、日本語脳にはない、独特な発想があります。

英語学習においては、英語表現を日本語表現にただ置き換えて翻訳してみたり、英文法を単なるルールとして捉える姿勢では決して理解できないことがたくさんあります（これが学習の挫折の原因になることもしばしばです）。「文法は人の心の表れ」ということを理解する時、英文法は「合っているか間違っているか」というものではなく、「自分の気持ちを英語で表すために必要なツール」になります。このための大きな手助けになるのが認知言語学であり、私はそれをできるだけ多くの一般の方々に理解してもらえたらいいな、と思いつつ本を書いています。

　本書でも取り上げた池上嘉彦先生をはじめとした、数々の偉大な先達が執筆されている筑摩書房からこうして本を出していただけることは、私にとって本当に栄誉なことです。そして本書の執筆にあたり今回お声をかけてくださった編集部の伊藤笑子さんに、この場をお借りして感謝を申し上げます。私の意図を正確に汲み取ってくださり、的確なアドバイスもしていただきました。おかげで素晴らしい本が出来上がりました。ありがとうございます。

　最後に。この本を昨年8月に亡くなった父に捧げます。私が20代の半ば、とある人生の夢に破れて途方に暮れていた時、「これまでは夢に向かってそれしかないと頑張った人生。ここからは出会ったものを素直に受け入れ、良い意味でいろいろ流されてみろ」と言ってくれま

した。それが結局一生の指針となって、出会ったものは何でも勉強して、ここに辿り着きました。父さん、この本が書けたのも、あなたのおかげです。ありがとう。

2023年3月

時吉秀弥

参考文献

池上嘉彦『日本語と日本語論』ちくま学芸文庫、2007年

池上嘉彦『英語の感覚・日本語の感覚 〈ことばの意味〉のしくみ』NHK ブックス、2006年

工藤真由美・八亀裕美『複数の日本語 方言からはじめる言語学』講談社選書メチエ、2013年

高階秀爾『日本近代の美意識』青土社、1978年

時吉秀弥『英文法の鬼100則』明日香出版、2019年

ブログ；Lynne Murphy, *Separated by a Common Language: saying "please" in restaurants,* https://separatedbyacommonlanguage.blogspot.com/2012/08/saying-please-in-restaurants.html, 2012

映画；日本語版『千と千尋の神隠し』・英語版「Spirited Away」

コーパス；Corpus of Contemporary American English https://www.english-corpora.org/coca/

辞書；オックスフォード現代英英辞典 第 8 版 Oxford University Press, 2015年

ロングマン現代英英辞典 第 6 版 Pearson Education Limited, 2015年

Online Etymology Dictionary https://www.etymonline.com/

ちくま新書
1724

英語脳スイッチ！
——見方が変わる・わかる英文法26講

2023年5月10日　第1刷発行
2023年6月5日　第2刷発行

著者
時吉秀弥
（ときよし・ひでや）

発行者
喜入冬子

発行所
株式会社筑摩書房
東京都台東区蔵前 2-5-3　郵便番号 111-8755
電話番号 03-5687-2601（代表）

装幀者
間村俊一

印刷・製本
三松堂印刷 株式会社

ちくま新書